절관론 역주

절관론 역주

우두법융 외 著
박건주 譯註

서문

중국 남북조시대 후반기로부터 수당 중기에 이르는 교학의 범람 시대 속에서 대승의 심의深義를 직지直指하여 자심自心에서 요지(了知: 깨달아서 앎, 뚜렷이 앎)하게 하는 간략한 심지(心地, 心要)법문이 초기 선종 선사들에 의해 자주 설파되었다. 해탈은 이법理法을 요지하여 들어간다는(理入) 선법은 달마 이래 초기 선종의 기본 가르침이었다. 그리고 이 이법은 교敎를 통해 알게 되는 것이었다. 달마대사의 기본 가르침도 '교敎에 의지하여 종宗을 깨닫게 한다(藉敎悟宗)'는 것이어서 선종이 본래 교敎를 무시하거나 소홀히 하는 것은 아니었다. 방대한 고전古典 주석학注釋學의 전통 영향으로 불교도 교학敎學에 치우치거나 선정禪定을 먼저 이루어 지혜를 발하게 한다는 정학定學 위주의 행으로 정혜균등定慧均等의 원만한 행이 제대로 실천되지 못하고 있었던 까닭에 간략한 심지법문心地法門으로서 이 문제를 해결하고자 하였다. 따라서 그 선법은 정혜定慧를 동시에 구현되게 하는 정혜무이定慧無二의 선법이었다. 안사난(安史亂, 755~763)과 회창법난(842~845)으로 방대한 교학을 섭렵할 만한 층이 크게 희박하게 된 것도 간략한 심요心要법문이나 대화 형식의 어록집이 다수 나오게 된 배경이 되었다.

1900년 돈황에서, 종전에 전승되어 온 것보다 더 많은 수십 종류의 선종 심지법문心地法門들이 발견되었다. 이 가운데 일부분은 국내에 번역 소개된 바 있다. 그러나 한국은 아직 이 분야의 소중한 법문들을 소개하고 정리하며 해설하는 첫 시작의 단계를 벗어나지 못하고 있다. 몇 가지 번역은 되어 있지만 아직 극히 일부분에 지나지 않고, 대부분 그 선지禪旨를 제대로 이해할 수 있도록 하는 해설이 되어 있지 않다. 간략한 심지법문은 대승의 심의深義를 어느 정도 회통하지 않고서는 이해하기 힘들다. 그 선지를 자심自心에서 요지了知하지 못하고 단지 기분으로만 최상승선이니 조사선이니 하게 되는 경향이 없지 않다. 선지를 명료하게 통달하지 못하고 있는 것이 한국불교의 가장 큰 문제이다. 그래서 심지법문을 온전히 요지하기 위한 해설이 구비되어야 한다.

필자는 고래로 전승되어온 선종의 심지법문과 신출新出의 돈황출토 선종법문들을 해설과 함께 펴내고자 하였다. 그 첫 번째 작업으로 먼저 『심명』·『절관론』·『현종기』·『무심론』·『남천축보리달마선사관문』·「하택신회와 징선사와의 문답」·『안심법문』·『이입사행론』을 택하여 출간한다.

본서가 첫 출간(2004년)된 지 8년이 지났다. 그 사이 절판되어 새로 출간할 사정이 생겼고, 운주사에서 선전총서禪典叢書를 기획하면서 제3권에 편입하게 되었다. 이 기회에 여러 곳을 수정 보완할 수 있게 되어 크게 다행스럽다. 아울러 운주사의 큰 뜻을 반기며 감사를 드린다.

여러 선지식들의 많은 관심과 질정을 바란다.

2012년 7월

광주 무등산 아래에서 박건주 합장

『심명心銘』

우두법융牛頭法融 著

해제解題

『심명心銘』은 『전당문全唐文』 권908과 『경덕전등록景德傳燈錄』 권제30에 실려 전한다. 두세 곳의 글자가 다를 뿐 동문同文이다. 이 가운데 전자를 저본으로 하고 후자를 함께 참고하였다.

분량은 매우 간단하지만 달마선의 돈법頓法의 요지가 명료하게 개시開示되어 있다. 선종 심지心地법문의 압권壓卷이라 할 만하다. 심성心性이 본래 공적空寂하여 지知함이 없고, 견見함이 없으며, 분별함이 없음을 지知하는 것이 심지법문의 요체이다. 그래서 (心性이) 지知함 없음을 지知하게 되면 지知함이 없이 지知함이 이루어진다. 이것이 수행의 요체이다. 이 선법은 다음에 소개하는 하택신회荷澤神會의 『현종기顯宗記』에서 강조하는 바와 그대로 일치한다.

『심명』의 저자는 우두법융(牛頭法融, 594~657)이다. 그에 대한 주요 자료에는 도선道宣의 『속고승전續高僧傳』(645: 667년 道宣이 입적때까지 증보함) 권제26과 『조당집祖堂集』 권제3·『경덕전등록』 권제4에 실려 있는 그의 본전本傳과 유우석(劉禹錫, 772~842)이 지은 『우두산제일조융대사신탑기牛頭山第一祖隆大師新塔記』(『全唐文』 606권, 829년) 및 『종경록宗鏡錄』의 여러 곳에 인용된 그의 어록과 저술 인용문 등이 있다. 그는 금릉(金陵: 현 남경) 우두산牛頭山 유서사幽棲寺의 암자에 있을 때 도신道信으로부터 수법受法하여 우두종牛頭宗의 초조初

祖가 되었다. 후의 사서史書에서는 도신道信－홍인弘忍－혜능慧能의 승계承系에 대비하여 도신道信－우두법융牛頭法隆－지암智巖－혜방慧方－법지法持－지위智威－현소玄素로 이어진 우두종의 승계를 방계傍系 또는 여계餘係로 칭하고 있다. 그러나 홍인에서 혜능으로 이어지는 승계를 정맥正脈으로 보는 입장에서 나머지를 방계라 한 것일 뿐 그 법이 다른 것은 아니다. 그것은 이 『심명』과 『절관론』의 선지禪旨가 『육조단경』이나 하택신회荷澤神會의 『현종론顯宗論』 등 여러 법문과 상통하고 있는 데서 알 수 있다. 단지 각 법문 가운데 드러난 두드러진 특성에 의거하여 후대에 삼종선(三種禪: 宗密의 『禪源諸詮集都序』) 등의 구분이 이루어지고 있으나 그 선지는 일맥상통하는 것이다. 필자가 이들 주요 선서禪書를 본서에 함께 수록한 것은 그러한 사실을 여실히 알게 하고자 함에 그 한 뜻이 있다.

우두법융牛頭法融의 성은 위韋이고 윤주潤州(현 강소성 鎭江) 연릉인延陵人이다. 19세에 많은 글을 섭렵하고 탄식하여 말하길, "유儒·도道의 속문俗文은 쭉정이를 믿는 것과 같고, 반야지관般若止觀이야말로 진실로 타고 갈 만한 가르침이다" 하고 모산茅山(강소성 금단시)에 들어가 경법사炅法師에 의지하여 입산 출가하였다. 경법사는 삼론三論의 거장이었다. 경법사로부터 묘리진전妙理眞筌을 배운 후 숲속에서 20년간 수행하여 마침내 크게 묘문妙門에 들고 백팔百八의 총지總持를 얻어, 낙열(樂說: 희열喜悅)함이 물이 흐르듯 무궁하였다. 정관 17년(643년)에 금릉의 우두산 유서사 북암 아래에 따로 선실禪室을 짓고 수행한지 수년간에 따르는 제자가 백여 인에 이르렀고, 여러 이적異蹟을 보이기도 하였으며, 『법화경』을 강講하였다. 사조四祖 도신선사道信禪師와의 만남은 이때 이루어졌다. 사조 도신선사가 쌍봉산(안휘성 남서부)에서 우두산 쪽을 바라보다가 이곳에 기인이 있음을 알고 찾아와 만나서 달마 이래의 돈법頓法을 전하였다. 그는 조정에서 관동의 사찰에 승려 30인만 두게 하고 나머지는 편호編戶로 돌아가게 하는 조치가 발하자 수도首都에 와서 항의하였고, 영휘永徽년간(650~655년)에는 사찰에 식량이 떨어지자 80리 거리의 단양丹陽에 나가 탁발하여 직접 등에 미일석팔두米一石八斗를 지고 들어와 승려 3백 명의 식량을 공급하길 두 계절씩 3년간 하였다. 또 그는 8년간 칠장경서七藏經書의 초략抄略을 연구한 바 있다. 영휘 3년(652년)에는 읍재邑宰의 청으로 천여 명의 대중에게 『대품반야경』을 강하는데 홀연 땅이 크게 흔들리고, 종경鐘磬과 향상香床이 모두 크게 요탕搖蕩하여 청중이 크게 놀랐으나 사찰 밖의 사람들은 이를 느끼지 못하였다. 현경顯慶 원년(656년)에 사공司空 소원선蕭元善의 청으로 건초사建初寺에 와 있다가 동同 2년(657년)에 춘추 64세로 입적하였다.

그의 저술로는 『심명』·『절관론』·『주금강반야경注金剛般若經』 1권(『대정장』 권55)·『금강반야경의金剛般若經意』 1권(『대정장』 권55)·『유마경기維摩經記』 1권(『대정장』 권55)·『유마힐경요약소維摩詰經要略疏』 1권(『대정장』 권55)·『화엄경사기華嚴經私記』 양권(『대정장』 권55)·『법화명상法華名相』 1권(『대정장』 권55)이 전한다. 우두종 6조 혜충慧忠의 제자 천태산天台山 불굴사佛窟寺 유칙(遺則(754~830)이 『융조사문집融祖師文集』 3권을 편찬하였다고 하였는데(『宋高僧傳』 권10) 이 문집은 전하지 않는다.

우두종의 법계法系는 다음과 같다.

보리달마－혜가慧可－승찬僧璨－도신道信－우두법융(牛頭法隆, 594~657)
－지암(智巖, 577~654)－혜방慧方－법지(法持, 635~702)
－지위(智威, 646~722) ┬ 혜충(慧忠, 683~769) ┬ 도견道堅
├ 혜섭慧涉
├ 유칙遺則
├ 징관澄觀
├ 현정玄梃 ├ 태육太毓
│ └ 무착無着
└ 현소(玄素, 668~752) ┬ 법흠法欽
├ 법감法鑑
└ 용아龍牙

●본문 및 해설

心性不生, 何須知見.
本無一法, 誰論薰練.
往返無端, 追尋不見,
一切莫作, 明寂自現.

심성心性은 생함이 없는(생기지 않은) 것인데
어찌 (생기지 않은 心이) 지知하고 견見한다는 것이 있을 수 있겠는가.
본래 하나의 법(존재: 心識과 물질, 인식주관과 대상을 포함한 모든 존재)
도 없는데
누가 훈도薰陶하고 수련修練해야 한다고 논할 것인가.
이리저리 두서없이 왔다 갔다 하며
찾아다녀 보아도 (心을) 보지 못하나니
억지로 지어 행함을 일체 하지 않으면
밝고 고요해져서 자연히 (심성이) 드러나네.

【해설】 마음은 본래 생함이 없는 것이며, 언제 생긴 바가 없다. 언제 생한 바가 있었다면 소멸해야 할 것이나 마음은 본래 무생無生이라 멸함도 없다. 마음은 본래 무상無相이기에 본래 생멸의 상相을 떠나 있다. 바로

그러한 심성心性이 진여眞如이고 법성法性이며 불성佛性이다. 또한 그러한 심성心性이기에 지知함도 없고, 견見함도 없다. 생긴 바도 없고 무상無相이며, 능(能: 인식주관)과 소(所: 인식대상)를 떠났는데 어떻게 지知함이 있고, 견見함이 있겠는가. 그래서 『대반야바라밀다경大般若波羅蜜多經』 권제595 제16「반야바라밀다분般若波羅蜜多分」3에

> 또한 선용맹善勇猛이여! 색온色蘊이 색온의 소행所行이 아닌 까닭에 지知함이 없고, 견見함도 없나니, 색온色蘊에서 지知함이 없고, 견見함이 없다면 이를 반야바라밀다라 한다.(以下 受想行識 등 일체법이 마찬가지로 그러함이 설해짐)

고 하였다. 색(色: 물질)을 색온色蘊이라 함은 모든 물질은 수많은 여러 원소들이 모아지고 쌓여져(蘊) 이루어진 까닭이다. 수많은 다른 원소들이 모아지고 쌓여져 이루어진 색色인 까닭에 그 색色의 실성(實性, 自性)이 없어 본래 인식되는 그 색의 소행所行이 아니다. 인지되는 그 색은 단지 그림자일 뿐이다. 그림자가 무슨 소행이 있을 것인가. 색을 비롯한 수상행식受想行識의 일체법이 견見함이 없고, 지知함이 없는지라 바로 이러함을 요지了知하여 색色을 비롯한 일체법에 물들지 아니하고, 흔들림 없으며, 걸림 없음이 곧 반야바라밀다이다. 『금강경』 제31의 장명章名인「지견불생분(知見不生分: 知와 見이 不生임)」의 뜻도 바로 이를 말한다. 지知함도 없고 견見함도 없다고 해서 허무虛無의 경계를 말한 것이 아니고, 분별하고 물들며, 걸림이 있는 지知함과 견見함이 아닐 뿐이다. 그래서 이를 지知함 없이 지知하고, 견見함이

없이 견見한다고 한다. 이를테면 거울이 더러운 것과 깨끗한 것을 차별하여 싫어하거나 좋아함을 떠나 평등하게 흔들림 없고 염착染着됨 없이 비추는 것과 같다.

또한 일체법이 무생無生인지라 누가 무엇을 이루고자 닦아 나갈 바도 없기에 이에 대해 논할 바도 없다. 얻을 바의 한 법도 없는데 어찌 닦아 나감이 있고 논할 바가 있겠는가.

심성心性이 그러한 까닭에 일부러 무엇을 얻고자 마음을 일으켜 닦으려 해서는 안 된다. 단지 심성心性이 그러함을 요지(了知: 깨달아서 명료하게 알게 됨)하였으면 무명無明이 힘을 잃게 되어, 구름이 점차 걷히면서 밝은 해가 드러나듯이 심성(心性, 眞如)이 드러나게 되어 있다. 처음에는 요지了知한 뜻이 머리에 떠올라 지해(知解, 알음알이)의 장애가 있지만 점차 요지한 뜻이 자연히 익어지면서 현실의 사事에서 구현되어 간다. 그리고 요지한 뜻 자체가 얻을 바 없다는 것이고 마음이 본래 분별함 없다는 것인 까닭에 그러한 지해知解도 자연히 놓아버리게 된다. 즉 다른 법에 의지할 바가 없게 되는 것이다. 이것이 무수지수(無修之修: 억지로 마음 일으켜 닦는 바 없는 닦음)이고, 능가선법楞伽禪法이며, 초기 선종의 선법이며, 또한 돈법頓法이다.

⁂

前際如空, 知處迷宗,
分明照鏡, 隨照冥蒙,
一心有滯, 諸法不通.
去來自爾, 胡假推窮.

과거는 공空과 같은데
지知하는 곳 있다면 근본에 미혹된 것이나니
뚜렷이 경계(대상) 비추어 보는 행은
비추어 볼수록 더욱 어두워져서
일심一心의 뜻에 걸리게(어긋나게) 되고,
제법(諸法: 모든 사물과 법문)에 통하지 못하게 된다.
가고 옴이(마음의 出入) 본래 그러하거늘
어찌 따지고 궁구함을 빌릴 필요가 있겠는가.

【해설】 지知한다는 것은 이미 지나간 자취를 인지하는 것이다. 그러나 생하면서 동시에 멸하는 것이며, 그 자취는 지나간 것이라 실은 텅 비어서 허공과 같아 있는 것이 아니다. 그러하건대 지知하는 곳이 있다면 이는 근본을 몰라 아직 미혹에 있는 것이다.

대체로 돈법頓法이 아닌 점법漸法에서는 어떠한 사물이나 심상心想 또는 법상法相을 비추어 보는 수행을 한다. 그러나 인식주관(能: 見分)과 인식대상(所: 相分)이 따로 없는 것이며, 따라서 일심一心이라는 뜻에 의하면 그러한 행은 위배되어 근본에 어긋나는 행을 하는 것이 된다. 그래서 실은 무명無明이 더욱 두터워지며, 모든 사물의 이치와 무량한 법문에 통하지도 못하게 된다. 선종의 돈법에서는 심성心性이 본래 능能과 소所가 없어 일심一心임을 요지了知한지라 무엇이 무엇을 관조觀照하는 행을 넘어서게 된다. 그래서 절관絶觀이라 하고, 본 『심명』의 저자인 우두법융은 달마대사의 가르침을 이어받아 『절관론絶觀論』을 편술하였다. 『절관론』은 본서의 다음 장에 실려 있다.

심성心性이 본래 이러함을 알았으니 마음에 이런저런 생각이 출입거래出入去來하더라도 거去한 곳과 래來한 곳이 따로 없어 평등일미平等一味이고, 거래去來 그대로 부동不動이다. 그래서 그 자리에서는 거래하는 그대로 걸림이 없다. 거래하는 마음을 제지制止하고자 함도 없고, 그 거래함에 흔들리거나 염착染着됨도 없다. 그래서 거래 출입하는 당념· 당처 그 자리 말고 아무 것도 없다. 본래 그러하거니 그것을 보고 탓할 것도 어디에 따로 없고, 그러함을 조정하거나 고치려 할 어떤 다른 것도 없는 것이다.

⁂

生無生相, 生照一同,

欲得心淨, 無心用功.

縱橫無照, 最爲微妙,

如法無知, 無知知要.

생生이라는 상相이든 무생無生이라는 상이든
조照함을 생함은 (잘못됨이) 마찬가지이나니
마음 청정함 얻고자 하거든
마음을 억지로 부리는 행을 하지 말라!
종횡으로(어느 때 어느 자리에서나) 조照함이 없는 행이
가장 미묘하나니,
여법하게(心性의 뜻에 따라) 지知하는 바 없어야 하리니
지知함 없이 지知함이 요체이다.

【해설】 무생無生이라고 설하니 자칫 무생이라는 상(法相)을 붙잡고 관觀하게 되기 쉽다. 그러나 일체법이 무생이라 하였는데 무생이라는 상相을 일으킨다면 생生이 있게 되어 무생의 본의에 어긋난다. 그래서 『능가경』(7권본: 대승입능가경)에 설한다.

분별을 분별함은(分別於分別)
이견二見(분별함과 분별되는 것의 二法을 見함이 됨)이어서 열반이 아니나니,(是二非涅槃)
만약 무생無生을 종宗으로 세운다면(若立無生宗)
곧 환법幻法에 떨어지리.(則壞於幻法)

일체법이 무생無生이라 함도 하나의 분별이다. 그런데 무생이라 하였으니 그 뜻에 따른다면 당연히 일체법에 대한 분별을 떠나야 한다. 즉 무생이라는 뜻은 일체의 분별을 떠나라는 것이다. 일체의 분별을 떠나는 것이 곧 무생의 뜻을 올바로 행함이다. 그런데 오히려 무생이라는 상을 관하거나 붙잡고 있으면 이는 또 다른 새 분별을 하고 있는 셈이 되어버린다. 그래서 무생이라는 법을 세워 지니고자 한다면 이는 환법幻法을 붙잡고 있는 것이 된다. 유심唯心이고 일심一心인지라, 무생이라는 이법理法은 『능가경』에서 자주 강조하는 요의要義이다. 또 같은 「게송품偈頌品」에 설한다.

만약 불생론不生論 세운다면(若立不生論)
이 인因으로 다시 생生을 (不生이 生함을) 생하게 되는 것이니,(是因生

復生)
이와 같이 무생 세우는 것은(如是立無生)
오직 허망한 설일 뿐이니라.(惟是虛言說)

불생(不生, 無生)이라는 법을 세우면 이로 인해 다시 무생無生이라는 법이 생生하였다는 것을 생하게 한 셈이 되어버린다. 미망의 중첩일 뿐이다. 그래서 본문에 생상生相이든 무생상無生相이든 잘못됨은 마찬가지라고 한 것이다.

무생이라 하였지만 그 뜻에 의해 일체의 분별로부터 떠날 뿐, 마음에서 힘을 들여 어떠한 상념이나 법상을 일부러 일으키는 행을 해서는 안 된다.

그래서 종횡으로(어느 때 어느 자리에서나) 억지로 힘들여 조照하는 행行을 함이 없다. 이 행이야말로 가장 수승하고 미묘하다.

심성心性이 공적空寂하고 무생이라 그 심성의 뜻에 따라 여법如法하게 지知함 없어야 하는 것이니, 심성이 바로 지知함이 없는 것임을 지知하여 지知함 없이 지知함이 되어야 한다. 이것이 심지법문心地法門의 요체이다.

※

將心守靜, 猶未離病,
生死忘懷, 卽是本性.
至理無詮, 非解非纏,
靈通應物, 常在目前,

마음을 지니고 고요함을 지키는 수행은
오히려 아직 병을 떠나지 못한 것이나니
생사의 생각 잊는 것,
바로 이것이 본성에 일치하는 행이다.
지리(至理: 지극한 이치)는 언설로 표현할 수 없어서,
벗어남도 아니고, 묶임도 아니나니
영통하여 사물에 자유롭게 응함이
항상 눈앞에 있다.

【해설】 마음을 어떻게 지니거나 수정修整하고자 함은 앞에서 설한 심성心性에 어긋난다. 그래서 아직 미혹의 병을 떠나지 못한 것이다.

본래 일체법이 무생無生이라 생사生死 또한 그러한데 어찌 생사에 마음을 둘 수 있겠는가. 그래서 생사의 생각도 지니지 않는 것이 마음의 본성에 일치하는 행이다.

모든 존재는 언설을 떠나 있다고 한다. 그래서 언설에 의한 분별로 알 수 있는 바가 아니다. 그래서 '벗어남'이라는 언설로도 드러낼 수 없고, '묶임'이라는 언설로도 드러낼 수 없는 까닭에 '벗어남도 아니고, 묶임도 아니다'고 하였다.

이러한 행을 하는 가운데 언설을 떠난 자리에서 항상 눈앞의 사물에 응함이 영통 자재하고, 또 일체법이 그러함을 증지證知한다.

⁂

目前無物, 無物宛然,

不勞智鑑, 體自虛元.

念起念滅, 前後無別,

後念不生, 前念自滅.

눈앞에 아무 것도 없고,

아무 것도 없음이 완연한지라

애써 지智를 비추고자 하지 말라,

(智의) 체體도 텅 빈 것이라네.

상념이 일어나고 상념이 소멸함에

전후前後의 구별이 없나니

후의 상념 생기지 않으면

앞 상념 스스로 멸한다.

【해설】 일체법이 공空이고 무상無相이며 무생無生인지라 눈앞에 한 물건도 없음이 완연하다. 마음이 청징하고 밝아져 색色의 그림자 상相을 넘어섰기 때문이다.

이러한 자리에서 애써 지智를 챙기려 해서는 안 된다. 그렇게 하면 지혜知解의 병에 떨어진다. 지智의 체體가 텅 비어 불가득不可得이니 챙기거나 비추어 볼 대상이 아니다. 지智란 대상을 떠나 구현되는 것이다. 마음으로 지니는 것이 아니다. 마음은 본래 아무 것도 지닐 수 없다. 그래서 무소유無所有라고 한다.

상념이 생하고 멸함에 전후가 따로 없다. 생하면서 동시에 멸하는 까닭이며, 전前과 후後가 따로 있는 것이라면 전과 후가 될 수 없는 까닭이다. 또한 심성心性이 공적(空寂, 텅 비어 고요함)하고 무상無相이어서 전후를 떠난 까닭이다.

전과 후, 생과 멸은 서로 의지하여 있게 되는 까닭에 후념後念이 생기지 않으면 전념前念도 스스로 사라진다. 그래서 단지 바로 당처當處·당념當念에서 염念이 일어나지 않으면 일체의 상념이 소멸하게 된다. 중생과 불佛이 바로 이 당념에 있다. 당념에 무심無心하면 불佛이고, 당념에 염착되면 중생이다. 당념을 없애고자 하면 이미 없애고자 하는 마음이 생긴 것이 되고, 그 자리에는 이미 전념前念이 있다. 그러나 당념에서 무심한다면 후념이 생하지 않게 되어 그 자리에는 이미 전념도 소멸되어 있다. 수행은 오직 바로 이 당념에서 온전히 이루어진다.

❊

三世無物, 無心無佛,
衆生無心, 依無心出.
分別凡聖, 煩惱轉盛,
計較乖常, 求眞背正.

삼세(三世: 과거, 현재, 미래)에 아무 것도 없어,
심心도 없고, 불佛도 없으며,
중생과 무심(無心, 佛)도
무심에 의지하여 나온다.
범부와 성인을 분별함은
번뇌를 더욱 번성하게 하는 것이고,

머리로 헤아림은 진리에 어긋나는 것이며,
진眞을 구함은 정正에 어긋나는 것이다.

【해설】 본래 무생無生의 공적空寂함이라, 삼세三世에 무엇이 있다 할 것인가. 심心이라 할 것도 없고, 불佛이라 할 것도 없다. 심心이 본래 무심無心이며, 불佛이 본래 무불無佛이다. 그래서 무심이 곧 심이고, 무불이 곧 불이다. 일체의 상을 떠난 자리가 불이기 때문에 불이라는 상이 있게 되면 이미 불이 아니어서 무불이고, 무불에 이미 그러한 불의 뜻(相을 떠남: 非佛)이 갖추어져 있는지라 무불이 곧 불이라 함이다. 『금강경』에 "무릇 상相 있는 모든 것은 허망한 것이나니, 그 모든 상이 비상非相임을 안다면 곧 여래를 봄이다"고 함도 같은 뜻이다.

'중생과 무심無心'에서 '무심'은 중생과 대비하여 불佛을 나타낸 말이다. 중생은 심상心想이 있어 무심이 아니다. 그러나 그 유심상有心想의 상태는 무심에 의지하여 있다. 바다의 파도가 바닷물에 의지하여 있는 것과 같다. 사물을 보고 듣고 분별하는 것은 본래 무심한 마음에 의지한 까닭이다. 그래서 중생도 무심에 의지하여 나온다고 하였다. 불은 곧 무심이니 불도 마찬가지로 무심에 의지하여 불이고, 불이 될 수 있다.

중생과 불이 평등하게 무심에 의지하여 나왔는지라 그 체가 따로 있는 것이 아니다. 파도 없이 잔잔한 바다이든 파도치는 바다이든 모두 똑같은 바닷물일 뿐이다. 이러한 진실의眞實義에 어긋나게 중생과 성인을 분별함은 무명無明을 더욱 두텁게 하여 번뇌가 성해진다.

무심의 뜻을 안다면 머리로 헤아리는 행을 할 수 없다. 진리에 어긋나는 까닭이다. 진眞을 구함은 진이 어디에 따로 있는 것이 아니라는 뜻에 어긋나고, 무심의 뜻에도 어긋난다. 정견正見이란 일체법이 모두 불가득不可得임을 요지了知함으로부터 얻어진다. 또한 앞에서 설명한 법문도 모두 정견이다. 자신의 수행이 이 정견에 수순하고 있는가, 어긋나고 있는가를 살펴보아야 한다.

※

雙泯對治, 湛然明淨,
不須功巧, 守嬰兒行.
惺惺了知, 見網轉迷,
寂寂無見, 暗室不移.

대치對治의 능지能智와 소지所智를 모두 버리고,
그윽하게 명정明淨함에 있을 뿐,
억지로 마음 일으켜 수정修整하고자 하지 아니하고,
갓난아이의 행을 지켜나가라!
성성惺惺하게 요지了知함에
견망(見網: 見의 그물)의 미혹에서 벗어나나니,
고요한 가운데 견見함 없는 행을
어두운 방이 변함없이 이어지듯 하라!

【해설】 불교에는 갖가지 중생심을 조복調伏하기 위한 갖가지 상응하는 대치법對治法이 있다. 그 대치법을 소지所智라 하고, 그 대치법을 지니고 관하는 자 내지 관함을 능지能智라고 한다. 이 양자가 모두 버려져야

무수지수無修之修가 된다. 그래서 혜가慧可대사는 "(經을) 읽는 이는 잠시 보고 나서는 곧바로 버려야 하나니, 만약 버리지 않으면 문자 공부하는 것과 같게 되어버린다"(『楞伽師資記』 '慧可의 章')고 하였다. 단지 '심불기(心不起: 마음 일어나지 않음)'의 자리에서 그윽하여 밝고 맑음에 있을 뿐이다.

이렇게 하지 아니하고 힘을 써서 억지로 마음을 어떻게 하고자 하거나 소지所智의 상相, 즉 법상法相을 챙기거나 들고 있는 행은 앞에 설한 여러 리理에 어긋난다. 그래서 단지 작의作意를 떠난 무념無念·무심無心, 임운任運의 갓난아이 행을 지켜나갈 뿐이다.

또렷하게 요지了知하는 행이 이어짐에 견見의 그물에 빠져 헤매던 데서 벗어나 전미개오轉迷開悟하게 된다.

견見함 없는 행이란 견見함에서 흔들리거나 염착되거나 분별하거나 끌리거나 향함이 없는 것이다. 이러한 이법을 깨닫고, 행을 하게 되었다 하더라도 무시無始 이래의 습관(습기) 때문에 곧잘 흔들리며, 분별하고, 물들게 된다. 그래서 어두운 방이 고요히 변함없이 이어지듯 견見함 없는 행이 지속되어야 반야지혜도 더욱 뚜렷해지면서 무명無明이 소멸되고, 선정의 힘도 갖추어지면서 습기도 소멸되어 보리를 증득하게 된다.

※

惺惺無妄, 寂寂明亮,

萬物常眞, 森羅一相.

去來坐立, 一切莫執.

決定無方, 誰爲出入.

성성하게 깨어 망령됨 없고,
고요하고 밝으니
만물이 항상 그대로 진실하며,
삼라만상이 일상一相이네.
가고 오고, 앉고 서고,
그 어느 때나 집착하지 말지니
결정코(결정된) 사방四方이 없는데
누가 출입함이 있겠는가!

【해설】 각성覺性이 심체心體이다. 성성하게 항상 깨어 있음은 곧 각성覺性인 심체에 계합됨이고, 망령된 사량분별을 떠남이다. 그래서 고요하고 밝다.

일체가 그대로 각覺으로서 체현되며, 각覺의 체현은 곧 신증身證됨이니 만물이 항상 그대로 진실하고 일상一相이다. 일상이라 함은 능(能: 인식주체)·소(所: 인식대상)를 떠나 있음을 말하고, 능·소를 떠난 자리가 곧 각覺이며 진여眞如이다. 『능가경』(7권본) 「게송품」에

> 능취能取와 소취所取 떠난 것을(離於能所取)
> 나는 진여眞如라 하느니라.(我說爲眞如)

고 하였다. 즉 일상一相은 대상으로서의 상이 아니다. 능·소를 떠난 각(覺, 보리)과 진여眞如는 그래서 인식의 대상이 될 수 없다. 인식의 대상으로서의 상相이 아닌 것을 일상이라 칭한다. 그래서 삼라만상이

대상으로서의 상이 아니라 곧 몸으로 증證되어 각覺일 뿐이다.

삼라만상이 일상一相이고 일상이란 대상이 될 수 없음을 뜻하는 까닭에 행주좌와 어느 때나 삼라만상을 대상으로 집착해서는 안 된다.

사방四方이란 결정되어 있는 것이 아니고, 인식주관(能)의 자리에서 성립되는 것이나 그 인식주관의 자리가 따로 없음을 요지了知한지라 사방이 따로 없고, 어디에서 어디로라는 것이 성립되지 않는다. 그래서 그 어떤 것도 출입함이 없다. 유심唯心이고 각해覺海인지라 출입함을 얻을 수 없다.

※

無合無散, 不遲不疾,

明寂自然, 不可言及.

心無異心, 不斷貪淫,

性空自離, 任運浮沈.

합해짐도 없고, 흩어짐도 없으며,
느리지도 아니하고, 빠르지도 아니하며,
밝고 고요하여 자연스러운 경계를
말로 나타낼 수 없다.
마음에 다른 마음이 있지 아니한지라
탐심과 음심淫心을 끊지도 아니하는 것이며,
(탐심과 음심의) 성품이 공空인지라 스스로 떠나 있는 것이니
(마음이) 생멸하는 대로 임운任運하라!

【해설】 마음일 뿐이고 각覺일 뿐인지라 여기에 합해진다는 것도 흩어진다는 것도, 느리고 빠르다는 것도 따로 있지 않다. 차별의 법 가운데서도 이러한 평등의 뜻이 구현되는지라 항상 지혜가 밝고, 흔들림 없어 고요하며, 작의作意함 없이 자연自然이다. 이러한 경계는 말로 드러낼 수 있는 것이 아니다.

마음일 뿐인지라 여기에 이 마음 저 마음 차별이 없다. 다양한 마음 그대로 오직 평등 일여一如의 마음일 뿐이다. 그래서 탐심이든 음심이든 모두 평등 일여한 마음일 뿐이다. 때문에 탐심이나 음심이라고 해서 끊고자 하지 않는다. 만약 끊고자 한다면 유심唯心의 뜻에 어긋나 정견正見이 아니다.

또한 탐심이든 음심이든 모두 그 성품이 공空인 까닭에 그러한 마음이 생하면 생한 대로 멸하면 멸한 대로 분별하지 아니하고, 그 마음을 고치려고 하지도 아니하며, 임운任運해 가면 스스로 사라지게 되어 있다. 이것이 선종 선법의 요체인 무수지수無修之修와 임운任運의 법이다.

❊

非淸非濁, 非淺非深,
本來非古, 見在非今.
見在無往, 見在本心,
本來不存, 本來卽今.

맑지도 아니하고 탁하지도 아니하며,
얕지도 아니하고 깊지도 아니하며,

본래 고古가 아닌지라
현재 본다는 것도 금今에 있는 것이 아니다.
현재 본다는 것이 과거에 있지도 아니하나니
현재 본다는 것은 본심本心에 있다.
본래 어디에 있는 것이 아니어서
본래로 금今에 즉卽해 있는 것이다.

【해설】 모든 상을 떠난 평등일미平等一味인지라 맑음과 탁함, 얕음과 깊음 등도 따로 없다.

시간면에서도 고古와 금今이 따로 없어서 본래로 고古가 아니었던 까닭에 현재 보는 것도 금今이라 할 수도 없다. 또한 과거에 있는 것도 아니다. 항상 본심本心에 즉해 있을 뿐이다.

어느 때 어디에 무엇이 있는 자리가 따로 없는지라 모든 것은 본래 금今에 즉卽해 있을 뿐이다. 모든 것이 오직 본심本心일 뿐이고, 본심 그 자리는 항상 금今에 즉卽해 있는 까닭이다. 금今에 즉卽해 있다는 것은 시간과 공간으로 떨어져 있지 않음을 말한다. 시간과 공간으로 떨어져 있지 않다는 것은 곧 본심일 뿐이기 때문에 가능하다.

※

菩提本有, 不須用守,
煩惱本無, 不須用除.
靈知自照, 萬法歸如,
無歸無受, 絶觀忘守.

보리(Bodhi, 覺)란 본래 있는 것이니
힘써 지키려 할 필요가 없으며,
번뇌는 본래 없는 것이니
힘써 제거하려 할 필요가 없다.
영지靈知가 스스로 비추니
만법이 여여(如如, 眞如)에 돌아가되
돌아가는 바도 없고, 감수感受 되는 바도 없나니
절관絶觀하여 닦음을 지켜나감도 잊어버리라.

【해설】 본래 지니고 있는 보리를 얻기 위해 애써 추구할 필요가 없다. 금今에 즉하여 바로 보리임을 요지了知할 뿐이다.

본래 무생無生인 번뇌를 제거하고자 애쓰는 것은 이미 정견正見에 어긋나는 행이다. 번뇌가 곧 보리임을 요지할 뿐이다.

영지靈知란 곧 각성(覺性, 圓覺, 心體)이다. 또는 진여眞知라고도 한다. 중생의 분별하는 지해知解와 구별하여 지知하는 바 없이 지知함을(앞에서 설명) 영지(靈知, 眞知)라고 하였다. 지혜는 성자에게는 많고 범부에게는 적으나, 영지는 중생이나 불이나 평등하게 똑같이 갖추고 있다. 무수지수無修之修로 임운함에 따라 영지가 발현되어 만법이 신증身證되는지라 말로 드러낼 수 없어 여여如如라 한다. 또한 평등일미平等一味의 영지(靈知, 覺性)인지라 여여라고 한다.

만법이 여여에 돌아가되 본래 여여였거니 돌아간 바가 있겠는가. 여여에 무슨 처소가 따로 있어 감수感受 받는 바가 있겠는가. 그러한즉 무엇을 향해 관행觀行할 수도 없는 것이며, 닦는 행을 지켜나가려 함도 미망이니 잊어버려야 한다. 그러한 가운데 참다운 닦음과 여실한 진전이 있게 된다.

※

四德不生, 三身本有,
六根對境, 分別非識.
一心無妄, 萬緣調直.
心性本齊, 同居不攜.

사덕四德이 생한 바 없고,
삼신三身은 본래 있는 것,
육근六根이 경계에 대하여
분별하나 (一心인 자리에서는) 식識이 아니다.
일심一心은 무망無妄이니
모든 경계에 연緣하여 조복調伏하고 직심直心하는지라
심성이 본래 평등함에
(모든 경계와) 함께 하더라도 소유所有함이 없네.

【해설】 사덕四德이란 상락아정常樂我淨의 열반涅槃사덕을 말한다. 만약 사덕이 생한 것이라면 언젠가는 멸하게 될 것이나 생함 없이 있는 것이어서 멸함도 없다. 즉 사덕은 본유本有의 뜻이 있다. 마찬가지로 삼신(三身: 법신, 보신, 화신)도 언제 새로 생기게 된 것이 아닌 까닭에 본유의 뜻이 있다. 본유인 까닭에 있다는 상相을 얻을 수 없다. 분별이 될 수 없기

때문이다.

육근(六根: 여섯 가지 감각기관)이 경계를 대하여 분별함을 식識이라 한다. 눈(眼根)으로 색色을 대하여 분별함은 안식眼識이다. 그런데 여기서는 식이 아니라고 하였다. 무슨 뜻인가. 식이란 능(能: 인식주관, 見分)과 소(所: 인식대상, 相分)가 나누어진 상태를 말한다. 분별은 바로 능소能所가 따로 있음을 전제하여 이루어지는 것이다. 그런데 일심一心인 자리, 또는 본유本有의 자리에서는 능소가 따로 없다. 그래서 분별을 떠나 있다고 한다. 이러한 일심 또는 본유의 자리에서는 분별을 떠난지라 육근六根이 경계에 대하여 분별하여도 이미 식識이 아니다. 그래서 분별을 떠난 분별이라고 한다. 이를테면 거울이 사물을 낱낱이 구별하여 비추더라도 거울은 무심無心하여 아무런 분별이 없다. 거울 속의 사물을 구하고자 하여도 그 속은 공적空寂할 뿐 아무 것도 얻을 바 없다. 그래서 거울이 사물을 비추더라도 본래 분별을 떠나 있다. 육근이 경계에 대해 분별한다 함은 곧 거울이 사물을 비추는 것과 같다. 여기서의 분별은 능소를 떠나 공적한 자리에서 발현되는 영지靈知인지라 식이 아니라고 한 것이다.

일심一心은 분별을 떠난 자리라 망妄이 없다. 일심을 요지了知한지라 수많은 경계에 연緣하여 끌리고 염착되는 습기習氣를 조복調伏하게 되고, 직심直心하게 된다. 직심이란 마음이 경계에 연하여 끌리거나 염착됨이 없고, 흔들림 없는 것이다. 직심으로 습기가 조복된다.

심성心性은 공적空寂하고 무상無相이며 분별을 떠난 까닭에 본래 평등 일여一如하다. 그래서 모든 경계와 함께함에도 무엇을 지니는 바가 없다(無所有). 지금 어떠한 괴로운 마음에 있다 하더라도 실은 심성은 괴로움을 지니는 바가 없다. 심성은 본래 무엇을 소유함이 없는 것이다. 그래서 일체법불가득一切法不可得이다.

※

無生順物, 隨處幽棲.
覺由不覺, 卽覺無覺.
得失兩邊, 誰論好惡.
一切有爲, 本無造作.

(일체가) 무생無生이니 사물에 수순하고,
어느 곳에서나 고요히 흔들림 없다.
각覺은 불각不覺으로 인하여 있고,
각에 즉卽하여 무각無覺이다.
득실得失의 양변兩邊에 떨어져서
누가 호오好惡를 논하는가.
일체의 유위有爲를
본래 조작造作함이 없는 것이네!

【해설】 사물 등 일체 현상이 본래 무생無生인지라 거슬리거나(逆) 벗어나고자 할 필요가 없다. 그렇다고 해서 무생이라는 상相을 세우게 되면 무생이라는 법이 생긴 것이 되어 무생의 의義에 어긋나게 된다. 또한 일체가 생한 바 없이 생한 사물이 없는 것도 아니어서 허무는 아니다. 그리고 그 생한 바 없이 생하였다는 여실如實한 리理를 요지了知한 까닭에

생한 바 없이 생한 사물에 수순한다. 이때의 수순은 범부가 염착되면서 상에 따라가는 것과는 다르다. 이미 그 사물이 생과 멸을 떠났고, 분별을 떠나 있음을 요지한 자리인 까닭에 염착됨이 없이 따라감(수순)이다. 그 자리에서는 어디에서나 고요하여 흔들림이 없다.

각覺은 불각不覺을 전제로 하여 있는 것이다. 그래서 불각을 떠나 따로 각을 얻을 수 없다. 불각에서 바로 각을 증證한다. 또한 각에서 불각을 요지한다. 무각無覺이 각覺에 즉卽하여 있는 까닭이다.

일체법은 부증불감不增不減이고, 얻거나 잃을 바도 없다. 각覺하였다고 해서 무엇을 새로 얻은 것이 아니다. 불각不覺에 있다 하더라도 각을 잃어버린 것이 아니다. 그러하건대 득실得失의 양변에 떨어져 각은 좋고, 불각은 싫다는 생각을 낼 수 있겠는가.

그러나 일심(一心, 心性)은 본래 유위有爲를 조작함이 없음을 알아야 한다. 이미 능소能所를 떠났기에 아상我相이 없다. 유위는 그 인식 또는 행위의 주체인 아我가 있다는 생각이 전제되어 하는 것이나 아상을 떠난 자리에서는 당연히 유위를 짓는 바가 없다. 일심이 본래 그러하다. 그래서 지금 내가 유위의 자리에 있다 하더라도 그 유위를 지우려고 할 것이 아니라 자심自心의 성품(心性)은 본래 유위를 짓는 바가 없음을 요지하면 된다. 이렇게 되면 그 유위는 이미 일심의 공용功用이고, 공덕功德이 되는 것이며, 이미 유위有爲가 아니라 무위無爲가 되어 있다.

※

知心不心, 無病無藥.

迷時捨事, 悟罷非異.

本無可取, 今何用棄.
謂有魔興, 言空衆備.

심心이 본래 무심無心임을 아는지라
병도 없고 약도 없다.
미혹한 때에는 버리는 일이,
깨닫고 나면 (버릴 것, 버리지 않을 것의) 다름이 없다.
본래 취할 수 없는 것인데
지금 어찌 버리는 행을 쓸 것인가.
(취하고 버리는 것을) 마魔의 흥성이라 하고,
공상空相의 무리로 채워져 있다고 한다.

【해설】 심心이 본래 무심無心하기에 산을 보고 산임을 알고 돌을 보고 돌임을 안다. 무심하기에 흔들림 없고, 흔들림 없기에 일체 사물을 안다. 그리고 흔들림 없고, 염착됨이 없이 아는 것이기에 지知함을 떠나 지知함이라고 한다. 심이 무심함을 아는 까닭에 병이 있을 곳이 없다. 무심한지라 마음에 지닐 바가 없다. 병도 없으니 당연히 취할 약도 없다.

아직 미혹할 때에는 (번뇌 등을) 버리는 행을 하나 깨닫고 나면 버릴 것(또는 버림)과 버리지 않을 것(또는 버리지 않음), 취할 것(또는 取함)과 취하지 않을 것(또는 取함이 없음)이 따로 없다. 일체법이 본래 무생無生인지라 취할 것도 없고, 버릴 것도 없다. 버리려고 함이 있다면 이미 무생의 의義에 어긋나고, 능소能所가 따로 없다는 의義에 어긋나며, 심성心性이 본래 분별을 떠나 있다는 의義에 어긋나고, 공空·무상無相·무원無願의 삼해탈三解脫에 어긋난다. 또한 일체가 모두 공적空寂한 마음일 뿐이라 출입出入하거나 분별함이 없다. 그래서 취함과 버림이 따로 없다.

취함과 버림이 있다면 위와 같은 대승大乘의 의義에 어긋나는 것이기에 이를 마魔가 홍성한 것이라 하고, 공空이라는 법상法相을 취하여 버리는 행을 하고 있는 까닭에 공상空相으로 가득 채워져 있는 것이라 한다. 여기에는 공상空相을 취取함이 있고, 그 공상에 의지하여 다른 법을 버린다는 것이 있다. 취사取捨의 행은 아직 대승의 심의深義와 선지禪旨를 모르는 데서 나온다.

⁂

莫滅凡情, 惟敎息意,
意無心滅, 心無行絶.
不用證空, 自然明徹,
滅盡生死, 冥心入理.

모든 정情을 멸하려 하지 아니하고,
오직 마음을 쉰다는 가르침에 따른다.
상념은 무심無心해야 멸하는 것이나니,
마음을 끊으려 하지 말라!
공空을 증證하려고 하지 말라!
자연히 명철明徹해지는 것이나니
생사를 온전히 멸하는 길은
심원한 마음의 이법理法에 들어가는 것이네!

【해설】 거울은 정情이 없어 더러운 것이나 깨끗한 것에 영향 받지 아니하고 평등하게 비춘다. 그러나 범부는 그러하지 못한다. 본래 지知함에는 정情이 있는 것이 아니다. 그러나 범부는 지知하면서 동시에 망령된 정情이 붙어서 대상에서 희로애락을 일으킨다. 실은 지知하는 그 일법一法에 다른 어떠한 것이 붙을 수 없다. 그런데 여기에 희로애락 등의 정情이 붙게 되니 바로 망령된 일이라 한다. 정情이 없이 지知함이 지知함 없이 지知함이다. 분별과 염착됨을 떠난 지知인 까닭이다. 혜가慧可도 일찍이 "정情을 붙이지 말라(情事無寄)"고 하였다.[1] 그러나 혜가의 이 법문은 당시 선정을 위주로 닦던 이른바 정학定學의 무리들에 의해 마어魔語라고 비난받았다.[2] 지혜가 따르지 아니하고 선정禪定 위주로 닦다 보면 그 선정에 정情이 깃들게 된다. 정情이 깃들면 이미 사정(邪定, 삿된 정)이다. 그런데 이 망령된 정情이란 망령된 것인 까닭에 이를 억지로 멸해 버리고자 한다면 이 또한 어리석음이다. 망령된 것이니 실다움이 없고, 그림자와 같아서 본래 얻을 수 없는 것이고, 그래서 이를 제거할 대상으로 삼을 수 없는 것이다. 이 정情이 본래 그러함을 요지了知하여 단지 마음을 쉬고 있으면 저절로 사라진다. 망령된 것이니 사라지게 되어 있다.

상념想念도 마찬가지여서 무심無心해야 멸해지는 것이지 억지로 이를 잡아서 제거하려고 하면 그림자를 잡아 없애려 하는 것과 같아 또 하나의 어리석음을 낳은 것이 되어버린다. 무심함이란 바로 정情을 붙임 없이 지知함이니 곧 지知함 없이(知함에 염착됨이 없이) 지知함이다. 그래서 마음을 끊어 가지고 정情을 없애려 함은 잘못이다. 이렇게 할 필요도

---

1 『續高僧傳』 권제16 「習禪初」 僧可(惠可)傳.

2 위와 같음.

없는 것이다. 또한 마음을 끊으려 하는 것이 어리석음이다. 마음이란 공적空寂한 것이고 대상이 될 수 없는 것인데 어떻게 끊으려 한단 말인가.

공空을 증證하려고 함도 마찬가지로 잘못된 행이다. 공이란 곧 얻을 수 없다는 것을 일깨워 주기 위한 법문인데 공을 증하고자 한다면 이미 그 공의 뜻에 위배된다. 공이라는 법문을 통해 일체법을 얻을 수 없다는 것을 요지了知하였다면 그 공상空相도 버려야 한다. 이를 붙잡고 있어서는 안 된다. 일체법을 얻을 수 없다는 것을 요지함에 무명無明이 힘을 잃게 되면서 점차 자연히 명철해지는 것이다. 구름이 점차 걷히니 밝은 해가 드러나듯이.

생사를 온전히 멸하여 구경의 열반에 이르기 위해서는 먼저 심원한 마음의 이법理法에 들어가야 한다. 그래서 달마대사도 먼저 이입理入이 되어야 한다고 하였다. 자심自心에서 대승의 심오한 이법을 요지하고 통달해야 한다. 위에서 설한 법문들이 곧 대승의 심오한 이법이고 심지법문心地法門이다.

⁂

開目見相, 心隨境起,
心處無境, 境處無心.
將心滅境, 彼此由侵,
心寂境如, 不遣不拘.

눈을 뜨고 상相을 보니
마음이 경계 따라 일어나나,

심처心處에 경계 없고,

경처境處에 무심無心하다.

마음 가지고 경계 멸하고자 하지만

피차(彼此, 서로) 침투(상응)됨에 말미암은 것,

마음은 공적空寂하고 경계는 여여如如하나니

버리려 하지도 말고, 구속받지도 말라.

【해설】마음은 경계 따라 일어나나 마음은 본래 공적空寂하여 어떠한 경계도 지님이 없다(無所有). 그래서 경처境處에 무심無心할 뿐이다. 이때에 경계는 이미 대상이 아니다. 무심하여 능(能: 인식주체)의 자리가 따로 없어 소(所: 인식대상)의 자리도 따로 없는 까닭이다.

마음이 마음을 어떻게 할 수 없다. 마음은 능소能所를 떠나 있고, 대상이 될 수 없는 까닭이다. 그런데 마음을 가지고 어떻게 경계를 멸하려 함은 또 하나의 망상을 더하는 것이 된다. 마음과 경계는 서로 침투(상응)되어 일어나는 것이니 그 실성實性이 없다. 경계에 상응하여 염착되는 중생의 생멸심은 환幻과 같고, 단지 환과 같음을 요지하여 경계에 염착하지 않을 뿐이다.

마음은 무상無相이고 무생無生이어서 본래 공적空寂하다. 경계 또한 마찬가지여서 일체법이 평등 일여一如한지라 언어분별을 떠난 까닭에 여여如如라 한다. 따라서 버려야 할 법이 따로 없다. 버리려 함이 있으면 이미 그 법에 구속받고 있는 것이다. 단지 심성心性이 본래 어떠한 것도 지니는 바가 없음(無所有)을 요지了知하면 된다. 이렇게 되면 무명無明이 힘을 잃게 되어 자연히 걸림이 없게 된다. 그렇지 아니하고 무엇을 버리려 한다면 이는 어떤 것이 있다는 것이 되어 모든 존재는 유有라 할 수도 없고, 무생無生이라는 리理에 어긋나게 되어버린다. 또한 분별을 떠나야 하는데 이 법은 버려야 할 것이라는 분별을 한 것이 되어버린다. 요지了知한다라는 말은 '깨달아(了) 안다(知)'라는 뜻과 '뚜렷이(了) 안다(知)'라는 두 가지 뜻을 함께 갖추고 있다. 그래서 일체법이 그러함을 깨달아 뚜렷이 알고 있으면 된다는 뜻이며, 그렇게 요지하고 나면 그 뜻이 익어가면서 현실에서 구현된다. 그리하여 언어도단言語道斷이고 심행처멸(心行處滅: 마음 갈 곳을 멸함)의 자리에 이른다.

⁂

境隨心滅, 心隨境無.
兩處不生, 寂靜虛明.
菩提影現, 心本常淸,
德性如愚, 不立親疎.

경계가 마음 따라 멸하고,
마음은 경계 따라 무심無心이다.
양처(兩處, 마음과 경계)가 생함 없음에
적정寂靜하고 허명虛明하다.
보리(覺)도 그림자 나타난 것,
마음은 본래 항상 청정하다.
덕성德性은 어수룩함과 같나니
가까이함과 멀리함(親疎)을 세우지 말라.

【해설】 마음 멸하니 경계가 멸한다. 심성心性은 경계에 따르되 본래 무심無心하다. 무심하니 모든 경계를 그대로 드러낸다. 거울이 무심하기에 모든 상을 비추듯이.

마음이 공적空寂하여 생함 없고, 공적한 자리에 경계가 출입出入함이 없다. 거울에 상相이 비쳐도 그 상이 거울 속에 있는 것이 아니듯이. 그래서 마음과 경계 모두 적정寂靜하고 허명虛明하다.

보리(覺)란 것이 어디에 따로 있어서 얻게 되는 것이 아니다. 각覺이란 처소處所가 없는데 각을 증득하였다 하면 이 또한 망妄이 된다. 무엇을 증득하였다 하면 마음이 그쪽으로 한정되어 치우친 것이다. 그러나 마음은 변제(한계)가 없다. 무엇을 증득하였다 하면 증득한 것과 그렇지 못한 것이 있게 되어 불이不二 평등이라는 뜻에 어긋난다.[3] 본래 온통 각覺뿐인데 어떻게 각이라는 분상分相이 나올 수 있겠는가. 각이라 함도 단지 그림자가 나타난 것이다. 마음이 본래 항상 청정해서 각이든 무엇이든 새로 생겨 출입함이 없다.

그러한 까닭에 어수룩함(如愚)에 바로 마음의 덕성德性이 있다. 각覺이

---

3 이에 대한 요지는 『(보리)달마론』(『二入四行論長卷子』, 『菩提達磨四行論』)에 잘 설해져 있다. 이 자료는 대체로 『능가사자기』에 달마대사가 친히 저술하였다는 『달마론(보리달마이입사행론)』 1권인 것으로 보고 있다(단지 후에 주목된 부분이 있음). 새로 발견된 돈황본 9종 이전에 조선 세조 天順 연간인 1464년에 간행된 '天順本'과 경허스님에 의해 1907년에 출간된 '선문촬요본'이 있다.
본서는 다음의 서책에 실려 있다.
『선문촬요』(鏡虛 편, 범어사, 1968)
『보리달마사행론』(楊曾文 篇, 鄭州, 少林書局, 2006)
鈴木大拙, 『鈴木大拙禪思想史硏究 第二』(동경, 암파서점, 1987)
田中良昭, 『敦煌禪宗文獻の硏究』(동경, 大東출판사, 1983)

든 무엇이든 분별하여 얻으려 하거나 분별함이 없으니 바보인 듯하다(如愚). 무원무구無願無求이니 여우如愚하다. 그래서 각은 친해야 할 것으로 여겨 얻으려 하거나, 불각不覺은 멀리 해야 할 것으로 여겨 배척함은 심성心性에 어긋난 행이다.

※

寵辱不變, 不擇所居.
諸緣頓息, 一切不憶.
永日如夜, 永夜如日.
外似頑嚚, 內心虛眞.

칭찬과 모욕에도 흔들림 없고,
거居함에 자재하라!
모든 연緣을 단박에 멸하여
일체 생각하지 말라!
낮 내내 밤과 같이 하고,
밤 내내 낮과 같이 하라!
밖으로는 완고하고 사나운 듯하여도
내심內心으로는 아무런 사심私心 없이 진실하네.

【해설】 이 구절은 달마대사의 『이입사행론二入四行論』 법문 가운데 행입行入에 해당한다. 앞에서 설한 이법理法을 자심自心에서 뚜렷이 요지了知하였다면 이것이 이입理入이고, 이를 현실 생활 가운데 구현하는 것이

행입行入이다. 마음이 본래 공적空寂하여 지知함도 분별함도 없음을 요지하였다 하더라도 아직 무시無始 이래의 여습餘習이 남아 칭찬과 모욕에 흔들리기 쉽다. 그래서 경계에 부딪치는 가운데 요지한 리理가 사事에 일치되도록 단련하지 않으면 안 된다. 그래서 억지 분별을 떠난 무수無修의 행이지만 수修가 없지 않아서 무수지수無修之修라고 한다. 어느 자리에 처해서나 여리如理하게 자재自在해야 한다.

마음에서 일체의 번거로운 상념과 경계들을 일거에 끊어버리는 용맹심이 필요하다. 생각하면 생각에 생각이 꼬리를 무는 법, 바로 그 당념에서 끊어버려야 한다.

이러한 행은 밤낮이 따로 없다. 낮에도 밤처럼 고요하게, 밤에도 낮처럼 활기 있게 행해야 한다. 고요하되, 성성하고 활발活潑해야 한다.

사람을 대함에 밖으로 완고하고 사나운 면모를 보임은 진리를 증證한 만큼 당당하여 위엄이 저절로 갖추어지는 까닭이다. 그렇지만 내심內心은 아무런 사심私心이 없어 진실할 뿐이다.

⁂

對境不動, 有力大人,
無人無見, 無見常現,
通達一切, 未嘗不徧,
思惟轉昏, 汩亂精魂.

경계에 대해 흔들림 없어야
힘 있는 대인大人이며,

인아상人我相도 없어 견見함 없나니,

견見함 없으면 항상 (영원한 眞如) 드러나

일체를 통달함에

일찍이 두루 원만하지 않음이 없다.

사유思惟하는 것은 혼미함으로 굴러가는 것이어서

혼란한 정혼精魂에 빠져드는 것이다.

【해설】 대승 이법理法의 심의深義를 알았다 하더라도 선정禪定의 힘이 없으면 습력習力으로 인해 경계에 끌려가 버리게 되기 쉽다. 선정은 곧 리理와 사事가 일여一如하게, 여리如理하게 유지되도록 하는 힘이다. 그러한 선정력禪定力을 갖추어 경계에 실제로 흔들림 없어야 진정한 대인大人이다.

아상我相과 인상人相이 없으니 견見하는 바 없다. 견見함 없는 가운데 영원한 진여眞如가 항상 드러난다.

진여의 공용功用으로 일체에 통달하니 항상 어디에나 두루 원만하다. 이리저리 머리 굴려 생각하고 사유함은 혼미함으로 굴러가는 것으로, 어지러운 정혼精魂의 경계에 빠져드는 것이다.

※

將心止動, 轉止轉奔.

萬法無所, 惟有一門.

不入不出, 非靜非喧.

聲聞緣覺, 智不能論.

마음을 어떻게 지녀서 흔들림을 제지하고자 하는 것은
지(止, 定)를 돌려 이리저리 돌아다님(奔)으로 굴러가게 하는 것이다.
만법은 처소가 없어
오직 일문一門일 뿐이다.
들어감도 없고 나옴도 없으며,
고요함도 없고 시끄러움도 없다.
성문과 연각은
(대승의 심오한) 지혜를 논할 수 없다.

【해설】 마음으로 마음의 어떤 상태를 고치려 함은 능소能所가 따로 없어 일심一心이라는 의義에 어긋나며, 심성心性은 본래 불생불멸不生不滅하다는 의義에 어긋나며, 무생無生의 진리에 어긋난다. 본래 마음은 무소유無所有이기에 아무 것도 지니고 있지 않다. 마음에 지니고 있는 것이 없는데 고치려 하거나 제지하고자 함은 이미 어리석음이다. 오히려 망妄에 망을 더하게 되는 꼴이다. 지(止, 安定)된 상태를 돌려 어지러이 돌아다니게 하는 꼴이 된다.

만법萬法은 공적하고 무생無生인 까닭에 처소가 없다. 『유마경』「부사의품不思議品」에 "법法은 처소가 없는 것인데, 만약 처소에 집착한다면 이는 처소에 집착하는 것이지 법을 구하는 것이 아니다"고 하였다. 처소가 없는 까닭에 동서남북의 방향이 따로 없어 어디나 같고 어디에나 통하는 문門일 뿐이다. 일문一門이란 어느 방향으로 한정된 문이 따로 없어 문 아닌 곳 없고, 옆으로 새어 나가는 다른 문이 없다는 뜻이다. 즉 마음이 다른 곳으로 새어나갈 곳이 없으니 오직 직심直心할 뿐이고,

당념當念·당처當處에서 즉불卽佛이고 즉심卽心이다. 당념·당처에서 언어도단言語道斷이고 심행처멸(心行處滅: 마음 갈 곳 멸하다. 마음 둘 곳 없다)이다. 당념·당처에서 취取함도 없고, 버림도 없다. 당념·당처에서 부동심不動心일 뿐이다.

마음일 뿐이고, 마음은 무상無相이며, 마음이 그대로 무심無心한 까닭에 마음이 어디에 있다가 어디로 나가는 것이 아니다. 마음은 본래 무념無念이다. 염念이란 출입出入하는 것이지만 본래 마음이 출입함이 아닌 까닭에 무념이라 한다. 억지로 마음을 일으켜 염이 없게 하는 것이 아니다. 이렇게 하면 염을 없게 하고자 하는 염을 생기게 한 것이 되어 무념이 될 수 없다. 본래 무념임을 요지하는 것이 정법正法이요 돈법頓法이다. 그리고 무념일 뿐이니 무념 아님이 없어 무념이라는 분상分相도 없다. 무념임을 요지了知하되 무념을 머리에 떠올리려 하거나 관조하려 해서는 안 된다. 무념이니 무념이라는 생각도 잊는다. 처음 자심에서 무념임을 관찰해서 확인하는 단계가 있고, 이때는 관조 내지 반조返照함이 있게 된다. 그러나 그 뜻이 확인되었을 때는 무심 내지 무념이라는 법상도 머리에 떠올려서는 안 된다. 머리에 떠올리면 이미 무심이 아니게 되어버린다. 무심의 성품을 보았으면(견성) 그 뜻이 저절로 익어지게 되어 있으니 단지 쉬고 쉴 뿐이다. 쉬고 쉰다는 것은 수행한다고 하여 작의(作意, 생각을 지음)의 행을 짓는 것을 하지 않는다는 것이다. 마음 일으켜 수행하려 함을 버린다는 것이다. 이러한 행이 이루어질 때 고요함도 없고 시끄러움도 없게 된다. 고요함도 하나의 상相인데 수행자는 자칫 고요함을 취착取着하기 쉽다. 참다운 적멸寂滅은 고요함과 시끄러움의 분별상을 떠남이다.

이러한 대승의 심의深義와 지혜를 성문(聲聞, 3乘)과 연각(緣覺, 2乘)은 이해하지 못한다. 구나발다라삼장은 이르길, 자신의 아들이라 할지라도 대승의 근기가 아니면 대승법을 말해주지 않지만 길 가다가 대승 근기인 자를 보면 곧바로 대승법을 가르쳐 준다고 하였다(『능가사자기』 '구나발다라삼장의 章').

※

實無一物, 妙智獨尊,
本際虛沖, 非心所窮.
正覺無覺, 眞空不空,
三世諸佛, 皆乘此宗.

실로 한 물건도 없는 가운데
묘지妙智 독존獨尊하며,
본제本際는 딩 비어
마음으로 궁구할 수 있는 대상이 아니다.
정각正覺이란 각覺이 없음이요,
진공眞空은 공空이 아님이나니
삼세제불이
모두 이 종宗을 따라 성불하셨다.

【해설】 일체법이 무생無生이고 무소유無所有이며 무상無相인지라 실로 한 물건도 없다. 유심唯心이고 일심一心이라 하나 그 심心은 처소가 없고

공적空寂하며, 무상無相인지라 불가득不可得이고 상相을 떠났다. 그래서 심心이 그대로 무심無心이다. 그렇다고 해서 허무虛無의 상태가 아니라 한 물건도 얻을 바 없는 가운데 묘지妙智가 활발하여 홀로 높다.

본제本際란 실제實際라고도 한다. 실상實相·진여眞如·불성佛性·본각本覺과 같은 말이다. 제際라 함은 어떠한 존재의 형상을 가름하는 바깥 테두리(邊際)를 뜻한다. 즉 다른 형상과 맞닿아 있는 접합 부분이다. 중생은 이 변제로 드러나게 되는 형상에 끌리어(攀緣되어) 사량분별한다. 그런데 이러한 변제는 끊임없이 생멸生滅한다. 또한 생멸한다는 견見이 변제이다. 본제란 곧 이러한 생멸의 변제를 떠난 불생불멸不生不滅의 결정성決定性을 드러낸 말이다. 생한 바 없이 있는 것이 곧 결정성이다. 그래서 실제라고도 한다. 또한 변제를 떠난 까닭에 텅 비어 있다고 하였다. 텅 비어 있음은 곧 무상無相이고 능소能所를 떠났으며 무소유無所有라는 말이라 마음으로 궁구할 수 있는 것도 아니고, 궁구해서 알 수 있는 것도 아니다.

각覺이라고 하니 자칫 얻어지는 물건으로 여겨 잡으려 하거나 향하거나 하기 쉽다. 그러나 각은 잡으려 하거나 향하거나 분별함을 떠난 것이고, 잡으려 하거나 향하거나 분별함을 떠나야 발현되는 자리이다. 각을 구경으로 원만히 증證하지 못한 자리인 상사각相似覺과 수분각(隨分覺: 보살초지에서 菩薩第十地)에서는 각覺에 향向함이 있다. 그러나 구경究竟의 정각(正覺: 아뇩다라삼먁삼보리, 無上正等覺)에서는 각 아닌 바가 없고, 각이 어디에만 따로 있는 것이 아니어서 향할 각이 따로 없으니 곧 무각無覺이다. 즉 각覺이라 할 것을 소유所有함도 없어야 정각正覺이고 최상이며 구경의 묘각妙覺이다. 각覺의 의義가 상相을 떠난 자리이기 때문에 각覺에 각覺의 상相을 떠나 있어야 정각이다. 진공眞空도 마찬가지로 공空의 상相을 떠나야 진실한 공이다.

삼세제불이 모두 이 심의深義의 리理에 여리如理하게 행하여 성불하셨다.

※

此宗毫末, 沙界含容,
一切莫顧, 安心無處.
無處安心, 處明自露,
寂靜不生, 放曠縱橫.

이 종宗은, 하나의 터럭 끝이라도
사바세계의 모든 것을 함용含容하여서
일체를 돌아봄도 없고,
안심安心이란 (마음이) 처소 없다는 뜻에 있으며
(마음이) 처소 없다는 뜻에 안심이 있다는 것이다.
(處所 없는) 그 자리 밝게 자연히 드러나며,
생하지 않은 고요함에서
종횡으로 사방에 두루 빛을 발한다.

【해설】 이 종宗의 지旨에 따르면 어떠한 법이든 버릴 것이 하나도 없다. 일체법이 그대로 즉심즉불卽心卽佛이니 불심佛心으로 함용含容된다.

어느 것에나 돌아볼 틈이 없다. 당념·당처에 일체가 다 함용되어 있는데 어디 다른 곳을 돌아보겠는가. 또한 마음 갈 길 끊어졌기 때문이다.

또한 마음이 그대로 무심無心한 까닭이며, 일심一心이라 능소能所가 따로 없는 까닭이다. 마음이란 처소가 없다. 처소 없는 것이 마음이다. 이러한 뜻에 안심安心의 도가 있다. 안심할 곳을 당념 아닌 다른 곳에서 구할 바가 없다. 그냥 당념에서 처소가 없으면 안심이 된다. 처소가 없으니 무상無相이고, 무상이니 무념이고 안심이다. 마음이 본래 처소가 없는 것임을 요지해야 한다.

처소 없어 안심 이루어지고, 안심한 가운데 처소 없는 그 자리 밝아져 한량없는 지혜 자연히 발현된다.

적정(寂靜, 고요함)도 생하면 하나의 상相이니 무상無相과 무생無生의 리理에 어긋난다. 선禪에 치우치다 보면 자칫 적정에 취착取着하거나 젖어 있기 쉽다. 적정 그대로 무상無相이고 불가득不可得이며 무생無生임을 요지了知해야 한다. 적정이라는 상도 떠나게 되니, 이제 가리는 것 하나도 없게 되어 시방에 두루 한량없는 빛을 발한다.

⁂

所作無滯, 去住皆平,
慧日寂寂, 定光明明.
照無相苑, 朗涅槃城
諸緣忘畢, 詮神定質.

하는 바에 걸림 없고,
가고 머묾이 항상 평등하다.
지혜의 해 고요하고,

선정의 빛 밝고 밝아.

무상無相의 정원 비추고

열반의 성 비추니

모든 경계에 연緣함 다 잊어버리고,

이리저리 생각하는 마음이 진정鎭定되어 여실如實하다.

【해설】 정正이라 해서 취할 바 없고, 사邪라 해서 버릴 바 없다. 무생無生이고 유심唯心인 까닭이며, 마음에 분별을 떠난 까닭이다. 그래서 어떠한 행을 작作하든 걸림이 없다. 가고 머무름에 항상 여일如一하고 흔들림 없다. 처소 없는 마음이니 오고 감이 따로 없다.

지혜의 해는 고요하게 빛나고, 선정의 빛은 밝고 밝다.

무상無相의 정원이란 현상의 여러 모습들을 말한다. 현상의 모든 모습들은 공하여 무상인 정원이라 하였다. 열반은 곧 이러한 현상이 적멸함을 말한다. 현상과 열반은 따로 있는 것이 아니라 현상 그대로가 적멸되어 있다. 무상인 정원(현상)은 바로 적멸인 성城이다. 또한 무상인 상이고, 적멸인 상이며, 상常인 무상無常이고, 상常인 적멸이다.

경계에 끌림을 모두 다 떠나버리고, 생각할 바 없는 자리에 드니 더 이상 생각이 오락가락함에 끌림이 없어 정定이 이루어져 진실하다. 진실하고 여실如實함이란 여여부동如如不動한 심성心性이 항상 자연히 구현되는 것이다.

⁂

不起法坐, 安眠虛室.

樂道恬然, 優游眞實.

無爲無得, 依無自出.

四等六度, 同一乘路.

법좌法坐에서 일어나지 아니한 채로,

텅 빈 방에서 평안히 잠을 잔다.

평안히 낙도樂道하며,

여유롭게 진실眞實에서 노닌다.

무위無爲이고 얻을 바 없어,

무엇에 의해 어디로부터 나오는 것이 아니다.

사등(四等, 四乘)의 육바라밀 행법이

모두 똑같이 일승一乘의 길이다.

【해설】 법좌法坐에서 일어나지 않는다는 것은 항상 여여부동如如不動한 심성心性이 구현되는 자리에 있다는 말이다. 텅 빈 방이란 공적(空寂: 텅 비어 고요함)한 마음이니 항상 어느 때나 공적한 마음에서 여여부동한 심성이 구현되어 평안하고 고요하다.

평안한 가운데 도를 즐기면서 여유롭게 진실眞實을 체증體證하며 노닌다.

행위의 주체로서의 아상我相과 그 대상 및 한다는 생각이 없어야 무위無爲의 행이 된다. 공空·무상無相·무원(無願, 無作)의 삼해탈三解脫이 요지了知되어야 무위가 된다. 무위를 억지로 하려 하면 유위有爲가 되어버린다. 마음이 본래 무소유(無所有: 지니는 바 없음)임을 요지한 까닭에 무엇을 하든 얻을 바 없다. 그래서 어떤 경계나 경지가 무엇에 의해 어디로부터 나오는 것이 아님을 안다. 그래서 그 경계에 마음이 끌림이 없다. 또한 영향 받음도, 취착取着함도 없다.

사등(四等, 四乘)이란 곧 『법화경』에서 설한 성문승·연각승·보살승·일불승一佛乘을 말한다. 이 사승四乘은 성불의 여정에 타고 가는 수레(乘)이고, 각각 원만하고, 빠르며, 멀리 궁극에까지 갈 수 있는가에 따라 차이가 있다. 육바라밀(六度)도 사승에 따라 그러한 차이가 있다. 그러나 방편으로 세 가지 승(乘: 가르침)을 시설하였으나 실은 모두 일승一乘에로 이끄는 법문이다. 이를 회삼귀일會三歸一이라 한다. 세 가지 승乘이 모두 일승으로 구현된다. 일승에서는 세 가지 승이 모두 살아 나름대로의 의미를 지니고 구현된다. 버릴 바가 하나도 없다. 다 필요해서 나온 법문이다. 일승에서는 세 가지 승의 일체 법문이 모두 회통會通된다. 걸리거나 장애됨이 없다. 성문이 성문승聲聞乘의 법에만 머물러 있다면 걸림이지만, 일승에서는 성문승의 법도 일심一心의 공용功用이고, 무생無生의 결정성決定性이다. 방편은 곧 여래의 밀의密意이다.

⁂

心若不生, 法無差互.
知生無生, 現前常住.
智者方知, 非言詮悟.

마음이 생하지 않는다면,
법(모든 존재)에 아무런 차별이 없다.
생生이 무생無生임을 아는 것이

현전現前에서 항상 이어진다.
지자智者는 이제 알지니,
말로 설명되는 깨달음이 아니라네.

【해설】 마음이 생하였다 하면 이미 분별이 된 것이다. 그 분별로 인해 법에 차별이 있게 된다. 만약 마음이 생하지 않는다면 분별이 생하지 아니하여 법에 차별이 없다.

생이 곧 무생無生임을 아는 것이 곧 돈법頓法이며 선지禪旨이다. 그래서 생긴 어떠한 상념을 없애고자 한다면 그 상념을 생한 것으로 인식한 것이 되어 본래 생한 바 없다는 리理에 어긋나며, 또 하나의 미망을 더한 것이 되어버린다. 어떠한 상념이든 그대로 생한 바 없음을 여실하게 요지了知하고 있어야 한다. 바로 현전現前의 당념當念에서 그렇게 여리如理하게 요지하고, 그 뜻이 익어지면서 현실의 사事에서 구현된다. 그렇게 되면 이제 그러함을 따로 요지함도 사라진다. 마치 가로수 나무의 그림자를 그것이 그림자라고 요지함도 없이 그대로 밟고 걸어가는 것과 같다. 이것이 해탈이다.

이러한 깨달음은 분별을 떠난 자리인지라 말로 설명되지 않는다. 자심自心에서 여리如理하게 체증體證되는 것이라 언설로 드러낼 수 없다. 그래서 지자智者라면 마음을 어떻게 하고자 함을 버려야 한다. 마음이 마음을 어떻게 할 수 없는 것이다. 마음이 마음을 어떻게 할 수 없는데 어찌 말로 깨달음을 설명할 수 있겠는가.

『절관론絶觀論』

● 해제解題

『절관론絶觀論』은 1900년 돈황 막고굴에서 발견된 선종문서 가운데 하나이다. 모두 필사본인데 현재 다음의 6종이 전한다.

1. 『입리연문入理緣門』 1권(Pelliot 제2732호)
2. 『삼장법사보리달마절관론三藏法師菩提達摩絶觀論』(Pelliot 제2045호)
3. 『관행법위유연무명상사집觀行法爲有緣無名上士集』(北京本閏字 제84호)
4. 『절관론絶觀論』(Pelliot 제2074호)
5. 『달마화상절관론達摩和尙絶觀論』(Pelliot 제2885호)
6. 『입리연문入理緣門』 1권(積翠軒石井光雄氏舊藏)

이 가운데 1~5본本의 영인影印은 『돈황선종문헌집성敦煌禪宗文獻集成上』(北京, 新華書店, 1998)에 수록되어 있고, 6본은 영목대졸鈴木大拙의 『돈황출토적취헌본절관론敦煌出土積翠軒本絶觀論』(鈴木大拙 編, 弘文堂, 1950) 및 이를 교정한 『선사상사연구 제2禪思想史硏究 第二』(岩波書店, 1951)에 실려 있다. 여러 본을 대조·교정·보완하는 작업이 이루어졌는데 대표적인 성과는 유전성산柳田聖山이 6본을 성립단계와 비슷한 내용 등을 기준으로 2본씩 3종으로 나누어 교합校合한 『絶觀論の本文硏究』(『禪學硏究』 58, 1970)이고, 후에 『禪佛敎の硏究』(『柳田聖

山集』第一卷, 法藏館, 1999)에 재록되었다. 그런데 6본 모두 일부의 자구字句가 희미하거나 지워져 있어 완본完本은 없는 셈이다. 그러나 이 본에 보이지 않는 구절이 저 본에서는 선명한 경우가 있으므로 여러 본을 함께 대조하며 맞추어 가면 거의 완본에 가까운 글을 얻을 수 있다.

본고에서는 돈황출토 여러 필사본을 대조하며 필자가 직접 해독하였다. 필사본 영인본인 『돈황선종문헌집성』에 수록된 1~5본 가운데 가장 완비完備되어 있고, 선명하며, 보이지 않는 부분이 적은 『P2045』본(pp.563~573)을 저본으로 하고 나머지 4본을 함께 대조 보완하여 번역하였다. 또한 각 본에는 서로 다른 자구字句도 있는데 이 부분도 가장 적합한 쪽을 택하여 번역하고 그 내역을 본문이나 각주에 기재하였다. 그리고 저본 외의 본에서 보완한 구절도 그 본의 이름을 본문인용하단 또는 각주에 표기하였다. 인용하는 원문에서 ( )나 【 】안의 글은 저본이 아닌 이본異本에서 보완한 것이다. 그리고 여러 본의 자구가 다르지만 모두 상통하는 경우에는 본문의 하단에 함께 열거하였다. 모든 본에 공통으로 탈자脫字나 오자誤字가 있을 경우 필자가 이를 정정 보완하여 ( ) 안에 기재하였다. 또 해독解讀이 어려운 자는 □로 표기하였다.

『절관론』의 저자에 대해서는 종래 보리달마 또는 우두법융(牛頭法融, 594~657), 하택신회荷澤神會의 제자 무명無名으로 보는 설 등이 있어 아직 뚜렷하지 않다. 대체로 우두법융으로 보는 경향이 많다. 우두법융에 대한 전기傳記는 앞의 『심명』에서 기술하였다.

『절관론』은 일찍이 실전失傳되었다가 1900년에 돈황에서 발견되었다. 그렇지만 일부분의 글이 『조당집祖堂集』 권3(952년)과 『종경록宗鏡錄』 권98(961년) 및 『만선동귀집萬善同歸集』(1072년) 등에 인용되어 있어 대체로 북송대北宋代까지는 전승된 것으로 보인다.

절관絶觀이란 마음을 일으켜 어떠한 법상法相을 관觀함이 없는 수행이고, 무공용無功用이며 무작의無作意의 행이다. 마음을 일으키지 않으려는 행(不起心)이 아니라 마음이 본래 일어남이 없음을 요지了知함(心不起)이 전제되어 그 뜻이 구현되는 행이다. 마음이 본래 공적空寂하여 지知함도 없고, 견見함도 없으며 분별함이 없다. 이를 요지하니 그 뜻에 따라 그대로 절관絶觀이며, 심행처멸心行處滅이고, 언어도단言語道斷이며, 무수지수無修之修이고, 심즉시불心卽是佛이다. 이 법은 달마대사로부터 육조六祖 및 후대에 이르기까지 선종의 공통된 심지법문心地法門이다. 따라서 이 법문이 우두법융에 의해 나온 것이라 하더라도 달마대사 이래로 전해진 법문에 바탕한 것이기에 어떤 본本은 보리달마菩提達摩의 법문이라 한 것으로 본다.

●본문 및 해설

夫大道沖虛, 幽微寂寞 不可以心會, 不可以言詮.

今且假立二人共談眞一, 師名入理, 弟子號曰緣門.

무릇 대도大道는 충허沖虛하고, 깊고 높으며 적막하여
마음으로 알 수 없고, 말로 나타낼 수 없다.
이제 2인人을 임시로 세워 진일眞一의 법에 대해 함께 대담하겠다.
스승의 이름은 입리入理이고, 제자의 이름은 연문緣門이다.

❊

於是入理先生寂然無說. 時乃緣門忽起請問先生曰,
"云何名心, 云何安心?"
入理答曰, "汝不莫須立心, 亦不須强安."

이때 입리 선생이 묵묵히 말없이 있었다.
그때 연문이 홀연 선생께 질문을 하였다.
"심心이란 무엇이며, 어떻게 안심安心하는 것입니까?"
입리 선생이 답하였다.
"너는 마음을 세우지 않으면 안 되되,

또한 억지로 안심하려고 해서도 안 된다."

【해설】 마음을 세움(立心)이란 마음을 흔들림 없는 거울과 같이 한다는 뜻이다. 그렇다고 해서 지금 이 마음을 다시 어떻게 억지로 정돈하고자 하거나 안정하게 하고자 함은, 마음이란 본래 무심無心이고 무상無相이며, 그래서 불가득不可得이고, 또한 마음에 본래 능(能: 인식주체)과 소(所: 인식대상)가 따로 없으며, 마음이란 대상이 될 수 없다는 리理에 어긋나 여리如理하지 못하게 된다.

※

又問, "若無有心, 云何學道?"
答(曰), "道非心會, 何生於心(也)."

또 묻는다.
"만약 마음이 없다면 어떻게 도를 배웁니까?"
답한다.
"도란 마음으로 알 수 없는 것이거늘 어찌 (도가) 마음에서 생기겠는가."

【해설】 마음이 본래 무심無心이고 무소유無所有임이 곧 도道이다. 그래서 도란 배우거나 수습修習하여 새로 얻어지는 것이 아니라 바로 심心이 무심이고 무소유임을 요지함에 있는 것이다. 마음이 본래 무심인데 마음에 무엇이 있다 하겠는가. 무심인 마음에서 무엇이 생기겠는가. 무심이 도道이거니 그 도가 생겼다 할 것인가, 또한 그 도를 얻었다

할 것인가.

※

又問. "若非心 當以何會【若非心念 當何念】?"[1]
答(曰), "有會卽有心, 有心卽乖道, 無會卽無心 卽眞道."

또 묻는다.
"만약 마음으로 알 수 없다면 어떻게 해야 알 수 있다는 것입니까?"
답한다.
"아는 것이 있다면 곧 마음이 있음이고,
마음이 있다면 곧 도에 어긋난다.
안다는 것이 없으면 곧 무심無心이고,
그대로가 진도眞道이다."

【해설】 위에서 해설한 바와 같이 심心이 그대로 무심無心이어서 본래 지知함도 없고, 견見함도 없으며 분별함도 없다. 이러함을 요지了知하여 사事에 여리如理하면 바로 진도眞道이다.

※

又問, "一切衆生實有心不?"
答(曰), "一切衆生實無心. 只爲於無心法中而强立心, 乃生妄想."

---

1 【 】 안은 p.2045본임. 양쪽 모두 문의는 통함.

또 묻는다.

"일체 중생에게 실제로 마음이 있는 것입니까, 없는 것입니까?"

답한다.

"일체 중생에게는 실제로 마음이 없다.

단지 무심無心한 가운데에 억지로 마음을 세우게 되니 망상이 생긴 것일 뿐이다."

【해설】 중생의 마음은 곧 능(能: 인식주체, 見分)과 소(所: 인식대상, 相分)로 나누어진 식識의 상태이다. 그러나 본래는 견분見分과 상분相分으로 나누어지지 않은 일심一心이다. 미혹함으로(無明의 風으로) 꿈속에 든 것과 같이 일심에서 보는 자리(見分)를 세우니 나머지는 모두 보이는 자리(相分)가 되어 분별의 망妄이 있게 되었다. 본래 능소가 없는 일심一心이기에 무심無心이다.

❊

又問, "無心有何物?"

答(曰), "無心卽無物, 卽非法, 卽眞道矣."

【卽天眞, 天眞卽大道】(『p2732』본)

【卽天眞, 卽大道】(『p2074』본)

또 묻는다.

"무심無心이란 어떠한 물건입니까."

답한다.

"무심無心은 즉 무물無物이며, 즉 비법非法이며, 즉 진도眞道이다."

【즉 천진天眞이며, 천진은 곧 대도大道이다.】(『p2732』본)

【즉 천진이며, 즉 대도이다.】(『p2074』본)

【해설】 심心이 공적空寂하고 무상無相이며 지知함이 없고 견見함이 없는지라, 무심無心이라 하고 무물無物이라 하며 비법非法이라 한다. 여기서 비법이란 처소가 없고, 유상有相인 것(法)이 아니며, 대상이 되는 것(法)이 아님을 말한 것이다.

※

又問, "衆生妄想, 云何可滅?"

答(曰), "若見有妄(想) (及)可滅者, 皆不離妄想."

또 묻는다.

"중생의 망상을 어떻게 해야 멸할 수 있습니까?"

답한다.

"망상이 있다고 보거나 멸할 수 있다고 본다면 모두 망상을 떠나지 못한다."[2]

【해설】 망상이란 본래 꿈속의 일과 같아서 생한 바가 없는 것인데 이를 실재한다고 보거나 없애려 한다면 또 하나의 망妄을 더하는 꼴이 되어버린

2 본문 ( ) 안의 글자는 모두 『P2074』본의 것으로, 이를 보완하여 해석하는 것이 더 뚜렷하다.

다. 리理에 어긋난 행은 망행妄行이다. 망상 그대로 무생無生임을 알면 그 망상이 무생의 진리를 개시開示하는 것이 된다. 망상의 당념當念·당처當處 이외에 아무 것도 없다. 그 망상이 대상으로 될 수도 없이 바로 그 당처에 즉卽할 뿐일 때 즉심시불卽心是佛이 된다. 당처에 즉하여서는 망상이 있다, 없다고 분별할 수도 없고 아무런 문제가 되지 않는다. 단지 항상 본래 당처에 즉하고 있기 때문에 마음을 내어 당처에 즉하고자 함이 있어서는 이미 당처가 아니고 망념이 되어버린다. 그래서 공空과 무상無相의 뜻을 알아 무원無願이 되어야 하는 것이다. 대승의 요의要義가 공空·무상無相·무원(無願, 無作)의 삼해탈에 있는 것은 이 때문이다.

⁂

【又問曰, "不道者合道理不. 答曰, 若言合與不合, 亦不離妄想?"】[3] (p2074本)

또 묻는다.
"부도不道한 행을 하는 것은 도리에 합당하는 것입니까, 합당하지 않는 것입니까?"
답한다.
"만약 합당하다고 보거나 합당하지 않다고 본다면, 이 또한 망상을 떠나지 못한다."

【해설】 위에서 설명한 바와 같이 어떠한 생각이든 그 생각의 당처에

3 이 문단은 저본인 『P2045』본에는 없는데, 『P2074』본에는 있어 보완한다.

즉하면 선악善惡과 시비是非가 따로 없다. 반대로 당념을 대상으로 이리저리 분별하면 이미 망妄이다. 당념이란 본래 인식의 대상일 수 없음을 분명히 알아야 한다. 오직 당념 외에는 아무 것도 없다. 그런데 그 무엇이 있어 당념이 부도不道한 것인가 합당한 것인가를 분별하겠는가.

※

又問, "若爲時是?"
答(曰), "一不爲時是."

또 묻는다.
"때가 되면 망상을 떠나게 되는 것입니까?"
답한다.
"조금도 때가 되어 그렇게 되지는 않는다."

【해설】 망상이 본래 생긴 바 없어 언제 이로부터 떠나게 됨도 얻을 수 없다. 심성心性이 본래 여여如如 여일如一해서 출입이 없다. 그래서 무엇으로부터 떠난다거나 들어옴이 본래 없다. 공적空寂하여 무심無心인데 무엇이 무엇으로부터 떠남이 있겠는가.

※

(於是緣門復起)[4] 又問, "夫言聖人者, 當斷何法, 當得何法 而云聖人?"

---

4 ( )안의 句는 『P2074』본에서 보완함.

答(曰), "一切法不斷, 一切法不常, 一切法不得, 此爲聖人(也)."

(이때 緣門이 다시 질문하였다) 또 묻는다.
"무릇 성인聖人이란 마땅히 어떠한 법을 끊고, 어떠한 법을 얻어야 성인이라 하는 것입니까?"
답한다.
"일체법一切法을 끊음이 없고, 일체법이 영원한 것으로 보지도 않으며, 일체법을 얻는 바 없나니, 이를 성인이라 하느니라."

【해설】 당념當念을 떠나서 일체법이 없으니 당념이 곧 일체법이다. 그런데 당념은 이미 대상이 될 수 없는지라 이를 끊는다거나 영원한 것으로 본다거나 잡으려 함이 있을 수 없다. 당념 그 자리에서 무엇을 따로 얻을 수 있고, 얻으려 함이 있겠는가.

⁂

又問, "若不斷·不常·不得者 與凡(夫)何異?"
答(曰), "不同. 何以故, 一切凡夫皆妄想 有所斷, 妄想有所得."

또 묻는다.
"만약 (一切法을) 끊음도 없고, (일체법을) 영원한 것으로 보지도 않으며, (일체법을) 얻는 바도 없는 자는 범부와 어떻게 다른 것입니까?"
답한다.
"같지 않다. 왜냐하면 모든 범부는 망상하고 있기에, (일체법을) 끊을 바가 있다고 망상하고, (일체법을) 얻을 바가 있다고 망상하기 때문이다."

❊

又問, "今凡(夫)有所得, 然得與不得有何異?"
答(曰), "凡(夫)有所得, 卽有虛妄, 聖無所得, 卽無虛妄. 有虛妄者, 卽言同與不同, 無虛妄者, 卽無異與不異."

또 묻는다.
"지금 범부는 (일체법을) 얻는 바가 있는데, 그렇다면 얻는 바 있음과 얻는 바 없음은 어떻게 다른 것입니까?"
답한다.
"범부들은 얻는 바 있으니 곧 허망한 것이요, 성인은 얻는 바 없으니 곧 허망하지 않는 것이다. 허망한 이(범부)는 말로 같다거나 다르다거나 하지만, 허망하지 않은 이(聖人)는 다르다거나 다르지 않다거나 함도 없느니라."

【해설】 당념當念·당처當處에 즉하니 일체의 분별을 떠난다. 여기서 중요한 것은 당념·당처가 대상이 될 수 없다는 것이다. 본래 깨어 있는 자리인 까닭에 대상이 될 수 없다. 그래서 당념·당처의 뜻을 알았다면 절대 당념·당처를 관조하거나 염念하려 해서는 안 된다. 일심의 각覺을 대상으로 삼게 되면서 피로疲勞하게 되고 이로부터 망령된 유有의 현상이 나오게 되었다. 이에 대해서는 『능엄경』에 잘 설명되어 있다.

※

又問, “若無異者, 聖名云何立?

答(曰), “凡之與聖二俱是名, 中無二, 卽無差別, 如說龜毛兎角也.”

또 묻는다.

“만약 다름이 없다면, 성聖이란 이름을 어떻게 세울 수 있겠습니까?”

답한다.

“범凡과 성聖은 둘 다 이름이라, 이 가운데 둘이 있는 것이 아니니 곧 차별이 없다. 이를테면 ‘거북의 털’·‘토끼 뿔’이라는 말과 같다.”

【해설】‘거북의 털’·‘토끼 뿔’은 실재하지 않는 것으로 이름으로만 있는 것이다. 실재하지 않는 것이니 이들 간에 무슨 차별이 있을 수 없다. 범부가 분별망상하는 일체법 또한 이와 같다는 것이다. 당념에 즉하니 여일如一하고 여여如如하여 평등무이平等無二하다. 성聖을 세우면 차별이로되 차별을 떠나면 성이니, 성이 없음도 아니나. 단지 당념에 즉한 자리는 이미 분별을 떠난 까닭에 무엇을 성과 범부로 분별할 바가 없다. 성과 범부, 유와 무 등 상대 차별의 법이 모두 분별일 뿐이다. 어떤 존재가 유有인가 무無인가를 의론하지만 실은 그 유와 무가 단지 분별일 뿐이라는 뜻이다. 모든 것은 그러한 분별을 떠나 있다.

※

又問, “若(聖)人同龜毛者, 卽是畢竟無, 人遣學何物?”

【卽應是畢竟無, 今人學何物】(『p2074』본)

答(曰), "我說龜無毛, 不說無龜."

또 묻는다.
"만약 성인聖人이 거북의 털과 같다면, 곧 (聖人도) 응당 필경에 없을 것이니, 금인今人이 무엇을 배우겠습니까?" (『P2074』본에 의거하여 해석함)
답한다.
"나는 거북에게 털이 없다고 말했지, 거북이 없다고 말하지 않았다."

【해설】 성인도 성인이라는 분별을 떠나 있다. 그래서 분별 떠난 성인의 실제實際가 없지 않다. 범부도 범부라는 분별 떠나 있으니 범부의 실제 또한 없지 않다. '거북이 털'에서 '털'이 명名·상相이다. 명名·상相에 따름이 망상이다. 이 망상에서 벗어나게 해주는 것이 정지正智이다. 이를 통해 망상이 멸하니 여여(如如, Tathātā)라 한다. 이 5법(명, 상, 망상, 정지, 여여)에 대해서 『능가경』에 자세히 설명되어 있기 때문에 이를 '『능가경』의 5법'이라 칭한다. 『대승입능가경(능가경 7권본)』 권5 「찰나품」에 "보살마하살이 여여如如에 머물면 이미 현전의 경계를 비춤이 없게 됨을 얻게 되고(菩薩摩訶薩住如如, 已得無照現境)"라 하였다. 이어 법운지(보살 제10지)를 거쳐 여래에 이른다고 하였다. 그런데 본래 명名과 상相이 물 속의 달(水中月)과 같아 생한 바 없기 때문에 정지正智와 여여如如 또한 생한 바 없고, 얻을 바 없다. 그래서 무엇을 증證하였다 하면 망妄이라 하는 것이다. '본래무일물本來無一物'은 이러한 때 쓰는 말이다. '수중월水中月'에는 두 가지 뜻이 있다. (1) 위의 『대승입능가경』 권5

「찰나품」 같은 문단에 "여래가 되면 중생을 위하는 까닭에 수중월水中月처럼 두루 그 몸을 나타내어 중생의 욕락 따라 법을 설한다"고 하였다.[5] 즉 여래의 중생 구제행에서 갖가지 몸으로 응현함이다. (2)는 마음에 나타나는 모든 영상의 경계가 수중월水中月과 같아 실재의 무엇이 들어온 바가 없고, 나가도 무엇이 나간 것도 아니며, 언을 바가 없고, 제거할 바도 없다는 뜻을 드러낸 구句이다. '두두물물 일체의 존재가 다 화신인 석가모니불이다'고 할 때는 이 (1)과 (2)가 같은 뜻이 된다. 그러한 뜻으로 보면 일체의 현상이 모두 법을 설하고 있다.

※

又問, "無毛喩何物, 有龜喩何物?"
答(曰), "龜喩於道, 毛喩於我. 是故聖人無我而得道成."

또 묻는다.
"털이 없다는 것은 무엇을 비유한 것이고, 거북은 있다는 것은 무엇을 비유한 것입니까?"
답한다.
"거북은 도道에 비유한 것이고, 털은 아我에 비유한 것이다. 이 까닭에 성인聖人은 무아無我를 깨달아 도를 이룰 수 있는 것이다."

【해설】 실재하지 않는 것은 아我이되 아我가 실재하지 않는다는 리理가 없지 않다. 그 리理와 사事가 계합하면 도道에 이른다.

---

5 "成如來已, 爲衆生故, 如水中月, 普現其身, 隨其欲樂而爲說法."

※

又問, "若此者, 道應是有, 我應是無, 聖有無, 豈非二見也?"
答(曰), "道非是我, 有非是無. 何以故, 龜非先無 今有故, 不可言有. 我非先有, 今無故, 不可言無."

【又問, "若如此者, 道應是有, 我應是無. 若是有無, 豈非有無之見?"
答曰, "道非是有, 我非是無. 何以故, 龜非先無今故有(今有故), 不可言有, 毛非先有 今無故, 不可言無. 道之與我, 譬喻可知."】
(『p2074』본)

※앞의 저본은 오자와 탈자가 많아 의거할 수 없다. 반면 뒤에 기재한 『p2074』본은 밑줄 그은 구句만 빼놓고 전문全文이 완전하다. 밑줄 그은 부분만 앞의 저본에 의거한다('今有故').

【또 묻는다.
"만약 이와 같다면 도는 마땅히 있다 할 것이고, '아我'라는 것은 마땅히 없다 할 것입니다. 만약 이렇게 유와 무가 있는 것이라면 어찌 유와 무의 이견二見이 없을 수 있겠습니까?"
답한다.
"도는 있는 것이 아니고, '아我'라는 것은 없는 것이 아니다. 왜 그러한가. 거북은 이전에 없었다가 지금 있게 된 것이 아니니 있다 할 수 없고, 털은 이전에 있다가 지금 없게 된 것이 아닌 까닭에 없다 할 수 없다. 도와 아我의 있고 없음도 이 비유로 알 수 있을 것이다."】

【해설】 도를 이룬다고 하지만 도가 언제부터 새로 있게 된 것이 아니어서(본문에서 '거북은 이전에 없었다가 지금 있게 된 것이 아님') 있다는 분별을 할 수 없다. '있다'는 분별을 하게 되는 것은 이전에 없던 것이 있게 되어야 하는 까닭이다. 그런데 도(거북)는 언제부터 비로소 있게 된 것이 아니다. 거북이의 털은 언제부터 있던 것이 갑자기 없게 된 것이 아니다. 그러니 위와 같은 이유로 없다는 생각도 나올 수 없다. 그래서 (거북이의) 털(我)이 없다고도 할 수 없다.

또한 아我가 실재하지 않음을 깨달아야 하지만 그 실재하지 않는 아가 없는 것은 아니다. 아 그대로 실재하지 않는 아인 까닭이다. 실재하지 않는 아란 곧 비상非相이다. 그래서 『금강경』에 "만약 제상諸相이 비상非相임을 알면 곧 여래를 봄이다"고 하였다. 본래 생기지 않았던 아我인 까닭에 언제 없어진 것이 아니니 아가 없다는 상相도 낼 수 없다. 그래서 유有와 무無의 견見에 머무름이 없다.

⁂

又問曰, "夫道者 爲當一人得之, 爲當衆人得之, 爲當各自有之, 爲當總共有之, 爲當本來有之, 爲當從修成也?"
答曰, "皆不如汝所說, 何以故, 若[illegible]一人得者, 道不遍. 若有衆人得者, 道卽有窮. 若各有者, 道卽有數. 若總共有者, 方便卽空. 若本來有者, 萬行虛設. 若修成得者, 造作非眞."

또 묻는다.
"무릇 도란 1인만이 얻을 수 있는 것입니까, 여러 사람이 얻을 수 있는 것입니까, 각자가 얻을 수 있는 것입니까, 모두가 얻을 수 있는 것입니까, 본래 있는 것입니까, 수행을 성취해야 얻어지는 것입니까?"
답한다.
"모두 네가 한 말과 같지 않다. 왜 그러한가. 만약 1인만이 얻는 것이라면, 도란 두루 어디에나 있는 것이 되지 못할 것이다. 만약 여러 사람이 얻을 수 있는 것이라면 도란 다함이 있을 것이다. 만약 각자 따로 따로 얻는 것이라면 도란 하나가 아니라 여러 개가 될 것이다. 만약 누구나 다 얻을 수 있는 것이라면 모든 방편(가르침)이 쓸모없는 것일 것이다. 만약 본래 있는 것이라면 만행萬行은 쓸모없이 시설된 것일 것이다. 만약 수행을 성취해야 얻어지는 것이라면, 조작된 것이 되니 진眞이 아니게 된다."

【해설】 도란 처소가 없되 없는 곳이 없다. 언제부터 있게 된 것도 아니되 없지 아니하고, 형상이 없되 형상을 떠나 어디에 따로 있는 것도 아니다. 당처當處에 항상한지라 얻어지는 대상이 아니고, 도를 성취하였다 하나 얻은 바가 없다. 조작 유위를 떠난 도가 조작 유위의 어떠한 수행을 통해서 새로 얻어지는 것이 아니다.

⁜

又問, "究竟云何?"

答(曰), "離一切限量分別."[6]

---

6 『p2074』본은 위의 문장에 이어 '於是緣門復起'가 더 있고, 『p2732』본에는 '貪慾緣門'이 더 있다. 내용상 '於是緣門復起'는 답변의 뜻에 반대되어 誤字와 탈자가

또 묻는다.

“구경究竟이란 어떠한 것입니까?”

답한다.

“일체의 한량限量과 분별을 떠나는 것이다.”

【해설】 한량限量이란 언어 문자상에 제한받고 분별하며 머무르는 중생심을 말한다. 또한 본래 분별할 수 없음을 뚜렷이 알아야 한다. 당념當念·당처當處에 즉卽함이 곧 분별을 떠남이다. 『대승입능가경』 「게송품」에 “분별을 떠남이 진여眞如다”고 하였다.

⁂

問曰,

【“凡夫有身, 亦有見聞覺知, 聖人有身, 亦有見聞覺知, 中有何異也?”】
(『p.2074本』)[7]

答曰,

“凡夫眼見 耳聞 身覺 意知. 聖人不耳聞, 非眼見, 乃至非意知. 何以故, 過一切限量故.”

묻는다.

있을 것이다. ‘貪慾緣門’은 내용상 뜻이 통하여 底本의 글에 이어 보완해도 될 것이다.

7 이 문장의 저본 글자가 일부 지워져 있고, 완전하지 못하여, 『p2074』본의 것으로 대체하여 옮겼다.

"범부에게 몸이 있어 또한 견문각지見聞覺知함이 있고, 성인聖人도 몸이 있어 역시 견문각지함이 있는데, 이 양자가 어떻게 다릅니까?"
답한다.
"범부는 눈으로 보고, 귀로 들으며, 의意로 지知한다. 성인은 귀로 듣는 것이 아니고, 눈으로 보는 것이 아니며, 내지 의意로 지知하는 것이 아니다. 왜냐하면 일체의 한량限量을 떠난 까닭이다."

【해설】 눈·귀·의근意根 등 육근六根으로 인식하는 것은 주관(能)과 객관(所: 대상)으로 나누어진 상태이고, 식識의 분별이다. 중생의 견문각지見聞覺知는 능소能所로 되는 것이지만 성인에게서는 능소를 떠난 가운데 견문각지가 펼쳐진다. 그래서 그 견문각지에 반연(대상으로 끌어당김)함도 없고, 걸림도 없어 자재自在한다. 이는 한량限量과 분별을 떠난 각覺이다. 각覺은 신身으로 증證함이다. 온전한 체현體現일 뿐 식識처럼 어떠한 인식 틀에 의해 한정된 것이 아니다.

※

又問, "何故經中復說, 聖人無見聞覺知等, 何意?"
答, "聖人無凡夫見聞覺知, 非無聖境界者, 離分別尒."
【非無聖境, 聖境界非有無所攝, 離分別也.】(『p2074』본)

또 묻는다.
"무슨 까닭에 경 가운데서 반복하여 설하기를, '성인은 견문각지見聞覺知함 등이 없다'고 하는 것입니까, 무슨 뜻입니까?"

답한다.
"성인에게는 범부의 견문각지함이 없는 것이지, 성경계聖境界가 없는 것이 아니다. (聖境界는) 분별을 떠난 것이다."
【성경聖境이 없는 것이 아니며, 성경계聖境界는 유와 무로 설명될 수 있는 것이 아니고, 분별을 떠난 것이다.】(『p2074』본)

【해설】 성인聖人에게는 견문각지見聞覺知가 없다는 뜻은 위에서 말하였다. 성경계聖境界는 유有·무無를 떠나 있어 불가사의不可思議하고, 언설로 나타낼 수 없다.

※

又問, "有凡夫境界也?"
答, "本來實無, 但虛妄計著生顚倒."

또 묻는다.
"범부의 경계가 있는 것입니까?"
답한다.
"본래 실제로는 없으나 단지 허망하게 분별 집착하여 전도(顚倒: 거꾸로 됨, 거꾸로 봄)될 뿐이다."

【해설】 범부에게도 실제로는 경계가 없다 함은 그 경계가 꿈과 같고 환幻과 같으며 아지랑이와 같아 실다움이 없는 까닭이다. 그러한 것인데도 중생은 그러한 경계를 사실로 착각하여 끌리고 분별하며 집착한다.

이를 전도망상顚倒妄想이라 한다.

❊

又問, "爲聖見 非眼見, 聖知 非意知?"
答, "法體難見, 群類可知. 如彼玄光鑑物 非有能照之照, 陰陽候物 非有能知之意."

또 묻는다.
"성인聖人이 보는 것은 눈으로 보는 것이 아니고, 성인이 아는 것은 생각(意)으로 아는 것이 아닙니까?"
답한다.
"법체法體는 보기 어려우나 만물을 알 수 있다. 저 현광玄光이 사물을 비추되 비추는 자의 비춤이 없고, 음양이 사물을 감지하되 감지하는 자의 생각(意)이 없는 것과 같다."

【해설】 각자覺者의 경계는 불가사의하여 언설 분별로 말할 수 있는 것이 아니다. 거울이 비추되 비춘다 함이 없고, 물이 흘러가되 흘러간다 함이 없다. 마음이 견문각지하되 견문각지한다 함이 없다.

❊

又問, "道究竟屬誰?"
答, "究竟無所屬, 如空無所依. 道所屬者 卽有遮有礙 有主有寄."

또 묻는다.

"도는 구경究竟에 어디에 속해 있는 것입니까?"

답한다.

"구경에 속하는 곳이 없다. 허공이 의지하는 곳 없는 것과 같다. 도가 속해 있는 곳이 있다면 막힘이 있고 장애가 있을 것이며, 주인이 있고, 의지하는 바가 있을 것이다."

【해설】 도는 처소가 없고 형상이 없으며, 자처自處함이 없고 변제(邊際: 限量)가 없다.

※

又問, "云何爲道本, 云何爲法用?"

答, "虛空爲道本, 參羅爲法用."

또 묻는다.

"무엇이 도의 근본이며, 무엇이 법法의 용用입니까?"

답한다.

"허공이 도의 근본이고, 삼라만상이 법의 용이다."

【해설】 텅 비어 공적空寂함이 심心의 체體이고 도道의 체인 까닭에 근본이라 하였다. 그리고 그 체의 용用이 바로 법(法: 삼라만상)이다. 그래서 공적함이 법체法體이고, 삼라만상이 그 법체의 용이다.

※

又問, “於中誰爲造化?”

答, “於中實無造化者, 法界性自爾.”

또 묻는다.

“이 가운데 누가 조화造化하는 것입니까?”

답한다.

“이 가운데 실로 조화하는 자가 없다. 법계法界의 성품이 스스로 그러하다.”

【해설】 현실의 당처 외에 다른 어떠한 것도 없다.

※

又問, “可不是衆生業力所爲也?”

答, “凡夫受業者以爲業繫所纏, 自因無耶. 何假鑿海積山安天置地.”

또 묻는다.

“중생의 업력業力으로 인한 것이라 할 수 있는 것입니까?”

답한다.

“범부가 업을 받는 것은 업의 굴레에 묶여 있기 때문이며 자체의 인因은 없는 것이다. 어찌 바다를 뚫고 산을 쌓으며 천지를 안치安置할 필요가 있겠는가.”

【해설】 중생 자체에 본래 업을 받아야 할 인因이 있는 것이 아니다.

그 자체는 텅 비어 고요한 까닭에(空寂), 상相을 떠났고, 분별을 떠났는데 무엇이 따로 있어 업이라 할 것인가. 업력業力이라 하는 것도 어디에 그 처소가 실재하고 있는 것이 아니다. 아직 업에 묶여 있으니 업력의 뜻을 갖게 되고 그 영향을 받게 된다. 이러한 일은 모두 당념·당처를 놓쳐버리고 무엇에 향하는 성향 때문에 일어난다. 그러한 성향이 업력인데 당념·당처에는 본래 그러한 성향이 있지 않다.

❊

又問, "蓋聞聖【菩薩, p2732】有意生身, 豈不由神通之力耶?"[8]
答, "凡夫有漏之業, 聖人無漏之業, 彼雖勝劣有殊, 由未是自然之道. 故經言, '種種意生身, 我說爲心量.'"

또 묻는다.
"대체로 듣기를 성인(聖人: 보살)은 의생신意生身이 있다 하였는데, 어찌 신통력에 의한 것이 아니겠습니까?"
답한다.
"범부에게는 유루有漏의 업이 있고, 성인에게는 무루無漏의 업이 있어 저기에 비록 뛰어나고 열등한 차이는 있으나 이것이 자연의 도에 인한 것은 아니다. 까닭에 경에서[9] 설하길, '갖가지 의생신意生身, 나는 이를 심량心量이라 하네'라 하였다."

---

8 본문은 '神道之耶'로 되어 있으나 나머지 두 본에 의거하여 '神通之力耶'로 한다.

9 『능가아발다라보경』(능가경 4권본) 권제3 「一切佛語心品之三」의 게송에
如如與空際　涅槃及法界　여여와 空諦　열반과 법계
種種意生身　我說爲心量　갖가지 의생신　(이들을) 나는 심량이라 설하네.

【해설】 의생신(意生身, 意成身)에 대해서는 『대승입능가경』에 자주 설명되고 있다. 그 가운데 두 부분을 인용한다.

대혜여! 의성신(意成身, 意生身)에는 세 가지가 있나니 무엇이 세 가지인가 하면, 입삼매락의성신入三昧樂意成身, 각법자성의성신覺法自性意成身, 종류구생무작행의성신種類俱生無作行意成身이다. 제 수행자가 보살초지菩薩初地에 들면서부터 점차 증득한다.
대혜여! 무엇을 입삼매락의성신入三昧樂意成身이라 하는가. 보살 3, 4, 5지地에서 삼매에 들어 갖가지 심心을 떠나 적연부동寂然不動하여 심해心海에 전식轉識의 파랑波浪이 일어나지 않으며, 마음의 경계가 모두 무소유無所有임을 깨달음을 이름하여 입삼매락의성신이라 한다.
무엇을 각법자성의성신覺法自性意成身이라 하는가. 보살 8지에서 일체법이 환幻과 같아 모두 무상無相임을 깨닫고 심식心識에서 전의轉依하여 여환如幻삼매와 여삼매餘三昧에 머물러 능히 무량한 자재신통을 나타냄이 꽃 피어나는 신속 여의如意함과 같고, 환幻과 같으며, 꿈과 같고, 그림자와 같고, (거울이나 물에 비친) 상像과 같아서 사대四大로 이루어진 것이 아니지만, 사대四大로 이루어진 듯이 일체 색상을 구족해서 장엄하며, 널리 불찰佛刹에 들어가 모든 법성을 깨닫나니, 이를 이름하여 각법자성의성신이라 한다.
무엇을 종류구생무작행의성신種類俱生無作行意成身이라 하는가. 제불諸佛의 자증법상自證法相을 요달了達한 것을 말하나니, 이를 이름하여 종류구생무작행의성신이라 하느니라.

대혜여! 세 가지 신상身相에 대해 마땅히 부지런히 관찰하여야 하느니라.[10]

대혜여! 의생신意生身이란 비유컨대 생각이 움직임에 신속하고 걸림이 없는 것과 같아 의생신意生身이라 이름하나니라. 대혜여! 비유컨대 심의心意는 무량백천유순無量百千由旬의 밖에서도 생각으로 먼저 갖가지 여러 사물을 보고 염념念念 상속相續으로 속히 그곳에 이르나니, 그 몸과 산하山河 석벽이 능히 장애하지 못하느니라. 의생신도 역시 이와 같아, 여환삼매如幻三昧의 힘으로 신통자재하여 제상諸相을 장엄하나니, (그) 생각(憶)이 본래 중생의 원願을 성취하여 주는 까닭이니라.[11]

요컨대 의생신意生身이란 보살이 진리 또는 성지聖智를 자증自證함에서 나오는 자재한 신身이다. '심량心量'도 『능가경』에 자주 등장하는 용어인데 마음으로 상념想念하는 것, 즉 심식心識의 분별행을 가리키기도 하고, 일체 현상은 오직 습기習氣에 의해 심식心識의 망령된 분별로 나타난 것일 뿐이라는 뜻, 또는 그러하기 때문에 일체법은 곧 오직 마음일 뿐이라는 뜻으로도 쓰이고 있다. 그래서 일단 무엇이라 함은 모두 다 심량心量이다. 그러나 일심一心 진여眞如는 심량을 떠나 있다. 무엇이라 할 수 없기 때문이다. 보살의 의생신은 그 자재自在한 묘용妙用이 이루 다 말로 할 수 없으나 아직 불(佛, 一心, 眞如)의 자리는 아니고

10 『대승입능가경』 권4 「無相品」(박건주 譯註, 『능가경(대승입능가경) 역주)』(운주사, 2010), pp.282~284.

11 『대승입능가경』 권2 「集一切法品」(앞의 책, p.196~197)

심량을 벗어나 있지 않다. 여여如如·공제空諦·열반·법계法界도 갖가지 의생신과 마찬가지로 심량心量이라 함은 일심의 일면들을 각 개념으로 드러낸 것이기에 그러하고, 모두 오직 마음뿐(唯心)이기에 그렇다.

※

又問, "旣言爲道本者, 是以不?"
答, "如是."
【又問曰, "旣言空爲道本者, 空是佛不?" 答曰, "如是"】(『p2074』本)
【問曰, "旣言空爲道本, 空是佛不?" 答曰, "如是."】(『p2732』本)

※세 본을 대조해보면 본 저본은 몇 개의 글자가 빠진 것을 알 수 있다. 뒤의 두 본에 의거하여 번역한다.

【또 묻는다.
"이미 공空이 도道의 근본이라 하였으니 공이 부처님이 아니겠습니까?"
답한다.
"그렇다.(空이 부처님이다)"】

【해설】불佛은 말로 나타낼 수 없다. 분별을 떠난 자리이기 때문이다. 단지 공空을 부처님이라 함은 그 공의 뜻이 곧 분별을 떠난 것을 가리키기 때문이다. 유有에 상대하여 공이라는 상相이 분별되는, 하나의 법으로서의 공을 말하는 것이 아니다. 무상無相이고 자재自在하며, 견見함 없고, 지知함 없으며, 분별함 없는 것은 곧 공의 성性이며, 불佛의 성性이다.

※

又問, "若空是者, 何不遣人念空而念佛?"

【又問曰, "若空是者, 聖人何不令衆生念空 而令念佛?"】(『p2074』本)

【問曰, "空若是, 聖人何不遣衆生念空 而令念佛也?"】(『p2732』本)

※세 본이 별 차이가 없이 상통하나 『p2074』본이 가장 완비되어 있어 이에 의거하여 번역한다.

【또 묻는다.

"만약 공空이 그와 같다면(도의 근본이라면), 성인聖人께서는 왜 중생으로 하여금 공을 염念하도록 하지 않으시고 불佛을 염하라 하신 것입니까?"】

※

答, "爲愚人敎念佛, 若有道心者敎念空, 亦得卽令觀身實相, 觀佛亦然. 實相者 卽是空·無相也."

【答曰, "爲愚癡衆生敎令念佛, 若有道心之士卽令觀身實相, 觀佛亦然. 夫言實相者, 卽是空·無相也."】(『p2074』本)

【答曰, "愚癡衆生敎令念佛, 若有道心之士卽令 ( ) 觀身實相, 觀佛亦然. 夫言實相者, 卽是空·無相也."】(『p2732』本)

※세 본이 약간의 다름이 있으나 상통한다. 저본에 의거하여 번역한다.

답한다.

"우인愚人에게는 염불하라 하고, 도심道心이 있는 자에게는 공空임을 염念하라고 가르친다. 또한 몸이 실상實相임을 관찰하도록 한다. 불佛을 관觀함도 또한 그러하다(實相으로 觀함). 실상이란 곧 공空·무상無相이다."

【해설】 불佛의 이름이나 상相 및 공덕을 염念함을 여기서는 염불이라 하였다. 공空임을 염함은 실상實相이 곧 공空·무상無相인 까닭에 실상염불實相念佛이 된다. 『능가사자기楞伽師資記』 '도신道信의 장章'에서도

> "부처님께서 둔근(鈍根: 둔한 근기)의 중생을 위해 서방(西方: 극락세계)을 향하도록 한 것이지 이근인(利根人: 날카로운 근기, 뛰어난 근기)을 위해 설한 것이 아니다."

고 하였다. 염불하여 극락에 왕생하더라도 극락에 구품九品의 차별이 있고, 여기에 들지 못하는 변지邊地가 있어 실상實相을 깨닫지 못하고는 상품上品에 들지 못한다. 궁극에는 불佛의 체體인 실상實相의 리理를 요지了知하여야 한다. 즉 달마대사가 말한 이입理入이 되어야 한다. 단지 여기에서 공空임을 염念하라고 한 것에 주의를 요하는 사항이 있다. 공을 상념화하여 공이라는 하나의 상相을 떠올려서 집중하게 되면 큰 병이 되어버린다. 공이란 일체의 상이 공이어서 그 상에 향할 수도 없고, 분별할 수도 없으며, 영향 받을 수도 없고, 잡을 수도, 얻을 수도 없다는 뜻이니, 공을 염함이란 바로 이러함을 요지함을 말한다. 그러하거

늘 어찌 공이라는 상에 향하거나 마음을 둘 수 있겠는가. 이렇게 알아야 달을 가리키는 손가락을 보지 않고, 달을 볼 수 있게 된다.

⁂

又問, "大道者, 爲獨在形路【廬: 『p2074』本, 靈: 『p2732』本】之中耶, 亦在草木之內也?"
答, "大道無所不遍."

또 묻는다.
"대도大道는 오직 형령(形靈: 준동함령, 동물)에만 있습니까, 또한 초목에도 있는 것입니까?"
답한다.
"대도大道는 두루 없는 곳이 없다."

【해설】 대도란 어디에만 따로 처소가 있는 것이 아니다. 그러하니 두루하여 없는 곳이 없다.

⁂

又問, "道若爲者【若道遍者: 『p2074』本】, 何故煞人有罪, 煞草木無辜?"
答曰, "夫言有罪無罪者, 皆就情約事, 非正道也. 但爲人不達理【道理: 여타의 本】, 妄立爲我身. 煞卽有心, 結於業卽云罪也. 草木無罪, 情【草木無情: 『p2074』本】故, 非有我故【本來合道理無我故: 『p207

4』本】. 煞者不計 卽不論罪與無罪. 夫無我者【夫無我合道者: 『p2074』本】視形如草木, 彼斫如□【刺: 『p2074』本, 折: 『閏84』本】林故. 文殊執劒於瞿曇, 鴦崛持刀於釋氏, 此皆合道 同證無生, 了知幻化虛故, 卽不論罪與非罪."

또 묻는다.
"도道가 만약 그렇다고 한다면(두루 어디에나 있다면), 왜 사람을 죽이는 것은 죄가 되고, 초목을 죽이는 것은 죄가 안 되는 것입니까?"
답한다.
"무릇 죄가 있다거나 죄가 없다고 하는 것은 모두 정情에 따르고 현상에 의거한 것으로 정도正道는 아니다. 단지 사람이 도리에 체달體達하지 못하고 나의 몸이 있다고 망립妄立하여, 죽였다면 곧 마음이 있게 되고, 업을 맺게 되니 곧 죄라고 하는 것이다. 초목을 죽이는 것이 죄가 안 된다는 것은 초목은 정情이 없는 까닭이며, (초목은) 내가 있다고 생각함이 없는 까닭이다. 죽이는 자가 그러한 분별망상이 없다면 죄와 무죄를 논할 바가 없는 것이다. 무릇 무아無我를 체달한 이는 몸을 초목과 같이 보아, 베는 것을 숲을 베는 것과 같이 본다. 문수보살이 구담(고타마 싯다르타, 석가모니불)에게 칼을 대들고, 앙굴마가 석가모니불에게 칼을 들고 덤벼든 것은 이들 모두 도에 합치한 것이며, 똑같이 무생無生을 증득하여 (몸이) 환화幻化이고 허망한 것임을 깨달아 안 때문이니 유죄와 무죄를 논하지 않는 것이다.

【해설】 일체의 분별을 떠난 자리는 곧 당처當處만 있을 뿐 그 당처를

평가하거나 선악을 시비是非할 그 어느 것도 없다. 당처에 즉하면 생사生死와 자타自他의 분별이 없어 어떠한 행의 당처이든 시빗거리가 되지 않는다. 어떠한 것도 문제가 되지 않는다. 당처當處는 대상이 될 수 없는 까닭이다. 당처에 즉함이 곧 즉심시불卽心是佛이다. 그러나 이러한 당처에 즉함을 증證하지 못한 채로 함부로 살생을 하는 것은 큰 죄업을 짓는 것이 된다.

⁂

又問, "若草木亦合道者, 經中何不記草木成佛, 但偏說人也".
答, "非獨說人, 草木亦說, 故經云, 一微塵中 具合一切法, 又云, 一切法亦如也. 一切衆生亦如也. 如卽無差別." 【如無二無差別也: 『p2074』本, 『p2732』本】

또 묻는다.
"만약 초목도 도에 합치하는 것이라면 경에서 왜 초목의 성불에 대해서는 기록되어 있지 아니하고, 단지 사람의 성불에 대해서만 치우치게 설하고 있는 것입니까?"
답한다.
"단지 사람에 대해서만 설한 것이 아니라 초목에 대해서도 또한 설하였다. 까닭에 경에서 말하길, '일미진(一微塵: 한 티끌) 가운데 일체법이 함께 갖추어져 있다' 하였고, 또 설하길, '일체법 또한 그러하고, 일체중생 또한 그러하다'고 하였다. 그러하니 차별이 없는 것이다."

【해설】 일체가 모두 불성佛性을 갖추고 있으니 일체가 성불한다. 단지 사람은 의식과 정情이 강하여 이에 얽매어 있는 까닭에 여러 방편으로 가르침을 설해서 인도해주어야 한다.

※

又問, "如是畢竟空理 當於何求 當於何證?"
答, "當於一切色中求, 當於汝自語中證."

또 묻는다.
"이와 같이 필경에 공인 도리라면, 마땅히 어디에서 구할 것이며 마땅히 어떻게 증득할 것입니까?"
답한다.
"마땅히 일체의 색色 가운데서 구할 것이며, 마땅히 당신 스스로의 말에서 증득해야 할 것이다."

【해설】 공空은 곧 공空인 리理를 말함이고, 그 리理는 일체의 현상 어디에나 있다. 그래서 이 자리를 떠나 다른 데서 진리를 구하지 않는다.

※

又問, "云何色中求 語中證?"
答, "空色一合, 語證不二."

또 묻는다.

"어떻게 색色 가운데서 구하며, 어語 가운데서 증득한다는 것입니까?"

답한다.

"공空과 색色이 합일合一되는 것이고, 어語에서 불이不二를 증득하는 것이다."

【해설】 공空인 리理를 현상의 사事에서 요지了知하여 걸림 없으면 곧 이사무애理事無碍가 되어 공空과 색色이 불이不二임이 증證된다. 어語에서 증證한다는 것은 심성心性이 그대로 지知함 없고, 견見함 없으며, 분별함 없음을 말로 직시直示하여 오입悟入케 한다는 것이니 선종에서 자주 말하는 '직지인심 견성성불直指人心 見性成佛', '언하변오言下便悟'가 곧 이것이다. 교敎의 여러 법상法相에 끌려 다니다가 자심自心에서 돈오頓悟하게 하는 직지直指의 심지법어心地法語로 깨달음을 연다. 그러나 선종이 모두 이러한 가르침에 의지하는 것은 아니다. 『육조단경』에서도 처음 경론을 통해 이러한 깨달음에 들지 못한 이들은 선지식을 찾아가 이러한 직지의 가르침을 받아야 한다고 하였다. 달마대사도 "교敎에 의지하여 종宗을 깨닫는다(藉敎悟宗)"를 기본으로 한다고 하였다. 경론의 가르침이 이미 달을 가리키는 것이어서 근기가 뛰어난 이들은 그 경론에서 곧바로 깨닫는다. 그러나 아직 미진한 이들은 경론에서 깨닫지 못하는 까닭에 스승이 적절히 자심自心의 성(性, 心性)을 직지하여 오입悟入하게 한다. 후대의 선종에서는 교敎를 통해 깨닫게 하는 면은 거의 도외시되고, 언하변오言下便悟에만 너무 치우치게 되었다. 선종禪宗이란 말도 이러한 가운데서 얻어진 것으로 생각한다.

※

又問, "若一切法空者, 何故聖通凡擁?"
答, "妄動故擁, 眞淨故通."

또 묻는다.
"만약 일체법이 공空이라면 왜 성인은 통하는데 범부는 막히는 것입니까?"
답한다.
"망동妄動하는 까닭에 막히고, 진실한 청정에 있는 까닭에 통한다."

【해설】 망동妄動함이란 범부가 경계에 끌리어 동動함이니 호수의 물이 흔들리면 바닥이 보이지 않는 것과 같다. 경계에 동하면 바로 그 상相에 걸리어 막힌 것이다. 그러나 성인聖人은 상相을 여의어 분별 떠났으니 청정하여 걸림 없다.

※

又問, "旣實空者, 何爲受動【薰:『p2732』本】?, 若旣受動【薰:『p2732』本】, 豈成空也?"
答, "夫言妄者, 不覺起受動(薰), 論其空 體無有一法, 而受者."
【答曰, "夫言妄者, 不覺忽而起, 不覺忽而言, 其實空中 體無有一法, 而受薰者."】(『p2732』本)

또 묻는다.

"이미 사실 공空이라면 왜 훈습薰習이 되고, 만약 이미 훈습되었다면 어찌 공을 이룰 수 있습니까?"

"무릇 망妄이라 하는 것은 불각不覺 중에 (홀연) 생기生起하여 훈습되는 것이나, 그 공空이라 하는 것을 논하건대 그 체體에는 일법一法도 없는데 훈습을 받는 것이다."

【해설】 본래 공空이어서 훈습 받을 자도 받을 것도 없으나, 꿈속에서 얻거나 잃을 일이 없는데도 얻고는 좋아하고 잃고는 화내는 것처럼, 무명無明으로 인한 미혹으로 불각不覺 중에 훈습된다.

※

又問, "若實空者, 一切衆生不須修道 應自成"

答, "一切衆生若解空理者, 實不假修道. 只爲不(解)[12]空, 自生有惑."

또 묻는다.

"만약 진실로 공空이라면 일체중생이 반드시 도를 닦지 않아도 응당 자연히 이루어질 것입니다."

답한다.

"일체중생이 만약 공空의 이법理法을 깨우쳤다면, 사실 도道 닦는 것을 빌리지 않아도 될 것이다. 단지 공空을 깨우치지 못하여 스스로 미혹迷惑이 생기는 것이다."

---

12 본문에는 解字가 없으나 내용상 들어가야 할 것이다.

【해설】 공空인 실상實相을 온전히 깨달아 증득하였다면 도를 닦을 바가 없겠으나 그렇게 깨닫지 못하는 까닭에 여러 방편의 수행을 하게 된다. 그 방편의 법들은 미혹을 제거하고 공을 쉽게 깨닫도록 도와주는 역할을 한다. 삼십칠조도품三十七助道品이 바로 그러한 법들이다.

⁂

又問, "若人不達此理者, 得說法 化衆生不?"
答, "自眼未開, 豈能療他目也."

또 묻는다.
"만약 사람이 이 이법理法을 체달體達하지 못하였다면 설법을 할 수도 없고, 중생을 교화할 수도 없는 것입니까?"
답한다.
"자신의 눈이 아직 열리지 않았거늘 어찌 타인의 눈을 치료할 수 있겠는가."

【해설】 아뇩다라삼먁삼보리(無上正等覺, 妙覺)를 이루는 데는 이법理法을 체달하지 않으면 안 된다. 신만성불信滿成佛도 이법理法을 제대로 알아야 올바른 믿음이 갖추어져 가능하게 된다. 대승에서의 신信이란 공空·무상無相·무원(無願, 無作)의 삼해탈三解脫과 유심唯心·무생無生·불가득不可得 등의 리理를 요지了知하여 흔들림 없는 것이다. 이러한 자리에 이르러야 남도 이끌 수 있다.

⁂

又問, "隨其智力方便化之, 可不得也?"

答, "道理者不達故 名曰無明力也. 何以故, 助已煩惱 作氣力故."

【又問曰, "隨其智力方便化之, 豈不得也?"

答曰, "若達道理者 可名智力, 若不達理者 名爲無明力. 何以故, 助已煩惱 作氣力故."】(『p2074』本)

※본 저본보다는 『p2074』본이 더 정확하여 이에 의거한다.

【또 묻는다.

"그 지력智力에 따라 방편으로 교화하는 것이 어찌 불가不可하다 하십니까?"

답한다.

"만약 공空의 도리를 체달體達하였다면 지력智力이라 할 수 있고, 만약 그 도리를 체달하지 못하였다면 무명력無明力이라 이름한다. 왜 그러한가. 번뇌를 도와서 그 기력氣力을 만들기 때문이다."】

【해설】 공空의 도리를 알아야 지혜의 빛이 발하여 무명無明이 사라진다. 아무리 다른 면의 지력智力이 있다 한들 지혜의 빛이 발하지 않으면 무명의 어두움을 밝히는 것이 되지 못하고, 오히려 분별의 훈습을 더하게 하여 무명의 힘을 더 키운다. 공의 도리란 곧 분별할 바 없다는 뜻인 까닭이다.

※

又問, "雖不能以入道, 且教衆生 行五戒十善, 安處人天, 豈不益哉?" 答, "至理無益, 更招二損. 何以故, 自陷陷他 故不免生死輪廻. 自陷者 自妨於道, 陷他者 不免生死輪廻."

또 묻는다.

"(공의 도리를 체달하지 못하여) 비록 (중생을) 입도入道케 할 수는 없다 하더라도 중생으로 하여금 오계五戒와 십선十善을 봉행하도록 하여 인천人天에 안처安處하도록 하는 것이 어찌 이로운 일이 아니겠습니까?"

답한다.

"(공의) 도리에 이르게 하는 데는 (그러한 행이) 무익無益하며 오히려 두 가지 손실을 초래한다. 왜 그러한가. 자신도 빠뜨리고 남도 빠뜨리는 까닭에 생사윤회를 면하지 못한다. 자신을 빠뜨린다 함은 스스로 도에 나아감에 방해가 된다는 것이고, 남을 빠뜨린다 함은 생사윤회를 면하지 못한다는 것이다."

【해설】 오계五戒와 십선행十善行으로 이끌어 악도(惡道: 축생, 아귀, 지옥)에 떨어지지 아니하고 인천人天에 태어나게 함을 목표로 이끄는 것은 불교의 큰 뜻에 어긋난다. 오계와 십선행을 권장함에는 이미 선악의 분별이 있고, 나는 이와 같은 훌륭한 행을 한다는 증상만增上慢의 죄업을 일으키기 쉽다. 대승의 가르침에 의하면 오계와 십선행은 분별을 떠나야 온전히 지켜질 수 있다는 것이다. 그러하니 오계와 십선행을 지키지 말라는 것은 아니다.

석가모니부처님은 무색계無色界의 최상위인 비상비비상천非想非非想天에서 수많은 겁 동안 안락을 누릴 수 있었으나 아직 생사윤회를 벗어난 자리가 아닌 까닭에 버려버리고 무생無生의 진리(無生法忍)를 깨달아 영원히 생사윤회를 벗어나셨다. 불교는 무생의 진리를 깨달아 생사윤회를 영원히 벗어나게 하는 가르침이다. 인천人天의 락樂에 향하거나 머무르게 하는 정도의 가르침은 오히려 윤회에 대한 집착심을 증장시켜 남으로 하여금 생사윤회를 면하지 못하게 하고, 자신은 대도에 나아감에 방해받는다. 과감히 버려야 할 인정人情에 걸리었기 때문이다.

❊

又問, "聖人豈不說三乘差別也?"

答, "聖人無心說, 差別法但彼衆生自心希望見.【現: 『p2074』本, 『p2732』本】,

故經云,

若彼心滅盡. 無乘及不('不'은 잘못 들어간 字)乘者. 無有乘建立也."【我說爲一乘也: 『p2732』本】

※밑줄 부분은 『능가아빌다라보경』 권제2 「일체불어심품지이一切佛語心品之二」에 있는 게송이다. 위 저본에 오기誤記가 있어 여기에 원原경문經文을 인용하고, 이를 번역한다.

❊

若彼心滅盡 無乘及乘者

無有乘建立 我說爲一乘

또 묻는다.

"성인께서는 왜 삼승三乘의 차별법을 설하지 않으십니까?"

답한다.

"성인은 무심無心으로 설한다. 차별법은 단지 각 중생 자심自心의 희망으로 그렇게 인지되는 것이다. 까닭에 경(『능가아발다라보경』 권제2 「일체불어심품」)에 설한다.

그 마음 멸진滅盡하고 나면,
승乘도 없고, 승에 있는 자도 없나니,
세울 승 없음을
나는 일승一乘이라 하느니라."

【해설】 본래 부처님은 무심無心으로 설하는지라 설한다고 함도 없고, 설하는 법도 따로 없으며, 법을 듣는 자도 없고, 제도함도 없다. 그러하니 듣는 대상에 따라 삼승법三乘法을 시설施設함도 없다. 어떠한 법을 누구를 위해 따로 세울 바가 없다. 부처님의 차별법을 떠난 원융무애한 가르침이 중생의 그릇에 따라 여러 가지로 받아들여질 뿐이다. 그릇 모양과 크기에 따라 받아지는 물이나 곡식이 다르듯이.

⁂

又問, "世人外現威儀 專事精業, 多爲男女之所親近者何?"

答, "淫女招群男, 殠賓來衆蠅, 此爲名相之所致也."
【又問曰, "世有僞人 不開正理, 外現威儀 專精事業, 多爲男女所親近者 何也."
答曰, "如淫女招群男, 晁盜來衆繩, 此爲名相之所."】(『p2074』本)

※본 저본보다는 아래의 『p2074』본이 더 정확하다. 이에 의거하여 번역한다. 단 밑줄 그은 부분만은 저본이 정확하여 이에 따른다.

또 묻는다.
"세간의 사이비 수행인들은 정리正理에 눈뜨지 못하고 겉으로 위의威儀를 드러내며 오로지 사업에만 열중하고, 이들 대부분이 남녀들(일반 세속신도)과 가까이 어울리는 것은 어떠합니까?"
답한다.
"음녀淫女가 여러 남자들을 끌어들임과 같고, 악취가 나는 손님이 오니 파리떼들이 모이는 것과 같나니, 이는 명상名相에 끄달리는 소치所致이다."

⁜

又問, "云何行非道, 通達佛道?"
答, "平等【善惡: 『p2074』本, 『p2732』本】無分別."

또 묻는다.
"어떻게 비도非道를 행하여 불도佛道를 통달합니까?"

답한다.
"(선악 등 일체법에) 평등하여 분별하지 않는 것이다."

【해설】 비도非道를 행하여 불도佛道에 통달한다는 법문은 『유마경』 「불도품」에 나온다.

이때 문수사리보살이 유마힐에게 물었다.
"보살이 어떻게 해서 불도에 통달합니까?"
유마힐이 대답하였다.
"만약 보살이 비도非道를 행한다면 이것이 불도를 통달하는 길이 됩니다."
또 물었다. "어떻게 보살이 비도非道를 행합니까?"
답하였다. "만약 보살이 오무간죄五無間罪를 행하더라도 괴로워하거나 성냄이 없고, 지옥에 가더라도 모든 죄의 더러움이 없으며, 축생계에 가더라도 무명無明, 교만 등의 잘못이 없고, …… 어리석은 행을 보이면서도 지혜로써 그 마음을 조복調伏하며, 인색하고 탐착하는 행을 보이면서도 내외의 소유所有를 버리고 신명身命을 아까워하지 않고, 금계禁戒를 범하는 행을 하면서도 청정한 계율에 안주하여 조그마한 죄에도 오히려 크게 두려운 마음을 품으며, …… 게으른 행을 보이면서도 부지런히 공덕을 닦으며, …… 여러 번뇌를 보이면서도 마음은 항상 청정하고, …… 열반을 현시現示하더라도 생사를 끊지 않습니다. 문수사리여! 보살은 능히 이와 같이 비도非道를 행하나니 이것이 불도를 통달함이 되는 것입니다."

비도非道란 행해서는 안 될 행이다. 그런데 보살이 오히려 비도를 행하여 불도佛道를 통달한다는 것은, 비도를 통해서 비도가 아닌 자리를 구현할 수 있고, 불이不二의 진리를 시현示現할 수 있기 때문이다. 비도를 처음부터 배제하고자 한다면 불이의 이법理法에 어긋나고, 무생無生의 진리에 어긋난다. 비도의 자리에서 분별을 떠나 있으면 이미 비도에 있는 것이 아니다. 비도에서 비도가 비도 아님을 보면 곧 여래를 봄이 된다. 『금강경』에 "만약 제상諸相이 비상非相임을 보면 곧 여래를 봄이다"고 하였다. 비도를 통해서 비도에 머무르지 아니하면 곧 머무름 없는 도道의 자리가 구현되는 것이다. 그래서 비도를 피하거나 제거하려고 하는 것이 아니라 그 비도에 뛰어들어 진리를 구현하는 것이 곧 보살의 불도 통달의 행이다. 비도에서 정도의 뜻이 드러나는 까닭이다. 비도와 정도가 서로를 함용하는 까닭이다. '번뇌가 곧 보리(菩提, 覺)'인 까닭에 비도에서 보리菩提를 요지了知하고 구현하는 것이다. 만약 비도를 버리고 정도를 취한다면 이는 정도의 뜻, 불이不二의 뜻에 어긋난다.

※

又問, "何爲無分別?"
答, "於法不生心."

또 묻는다.
"어떻게 함이 분별하지 않는 것입니까?"
답한다.
"(일체)법에서 마음을 일으키지 않는 것이다."

【해설】 분별해서는 안 된다고 하여 마음으로 분별하지 않으려 함이 있다면 이 또한 분별과 분별하지 않음의 분별이 있게 되어버린다. 마음이 일어나거나 어떻게 하고자 함이 있다면 이미 분별이 일어난 것이 된다. 마음을 일으키지 않는다는 것도 마음을 움직이지 않도록 붙들어 매는 것이 아니라 단지 바로 당념當念에 즉卽하여 있는 것이다. 마음이 대상이 되어버리면 이미 어긋난 것이다.

『반주삼매경』에 "마음이 마음을 모른다", "마음이 있으면 마음을 보지 못한다"고 하였다. 본래 마음이 마음을 일으킬 수 없는 것이고, 마음이 마음을 볼 수 없는 것이다. 이러함을 뚜렷이 안다면 마음이 일어나지 않는다. 그래서 대승의 선지禪旨는 '불기심(不起心: 마음을 일어나지 않게 함)'이 아니라 '심불기(心不起: 마음이 본래 일어나지 않음)'를 뚜렷이 아는 것(了知)이다. 그래야 진실로 마음이 일어나지 않게 된다.

❊

又問, "不可作 無作者 受乎?"

答, "人法性離誰作誰受."

【又問曰, "可無作者乎?"

答曰, "非有無作者."】(『p2074』本)

※ 양본兩本의 자구字句가 많이 달라 함께 인용 번역한다.

또 묻는다.

"작作할 수도 없고, 작자作者도 없는데 받음(受)은 있습니까?"

답한다.

"인(人, 我)·법法의 성품을 떠났는데 누가 작作하고 누가 받겠는가."

【또 묻는다.

"작자가 없을 수 있는 것입니까?"

답한다.

"작자가 없지는 않다."】

【해설】 능(能: 주관)과 소(所: 대상)를 떠난 일심一心이고, 당념에 즉함이 곧 일심이니 어떠한 상相에도 머무름이 없어 받음(感受)도 없다. 일심一心이니 작자作者가 따로 없되 일체의 행상行相이 없지 않기에 일심에 작자의 뜻이 없지 않다.

※

又問, "雖非有, 無可不覺知?"

答, "雖知, 不立我, 豈得無知."

또 묻는다.

"비록 있지는 않다 하여도 각지覺知함이 없지는 않겠지요."

답한다.

"비록 지知한다 하더라도 아我를 세울 수 없는데 어찌 지知함이 없음을 얻을 수 있겠는가."

【해설】 심성心性이 본래 지知함이 없고, 견見함이 없으며, 분별함이 없음

을 요지了知하니 당처當處에 즉하게 되어 지知함이 없음도 얻을 바가 없다. 당념當念뿐이며 일심一心인 까닭이다. 이를 하나의 법상法相으로 잡으려 하면 어긋난다. 당처에 즉한 자리에서는 분별을 떠난 지知가 없지는 않으나 당처뿐이라 능(能: 주관)인 아我의 자리가 따로 없고, 무엇을 따로 세우거나 얻을 바가 없다.

⁂

又問, "旣無有我, 何得有知?"
答, "我【我見: 『聞84』本】是非我, 非我有知."

또 묻는다.
"이미 아我가 없는데 어떻게 지知함이 있을 수 있습니까?"
답한다.
"아견은(我見으로 있다 하는 我는) 비아非我이니 아我가 있어 지知함이 아니다."

【해설】 당처에 즉하면 지知함이 있다 없다, 아我가 있다 없다 등 그 어떠한 문제도 문제가 되지 않는다. 분별을 떠나 지知함 없이 지知함인 까닭이며, 인식주관(能)의 자리가 따로 없이 각覺되는 신증身證의 차원이기 때문이다.

⁂

又問, "道我者 有何妨?"

答, "知是我立不妨, 道我只恐中有事."

또 묻는다.
"아我가 있다 하는 것이 왜 방해가 되는가."
답한다.
"지知함에는 아我를 세워도 무방無妨하나, 단지 아我가 있다 하는 것은 거기에 하는 일이 있다는 것으로 여겨질 염려가 있다."

【해설】 지知를 말하니 아我를 세울 수는 있으나 자칫 아가 실제로 있다는 것으로 잘못 생각하여 그 아가 무엇을 함이 있는 것으로 생각하기 쉽다. 지知하니 아를 말할 수 있겠으나 무엇을 하는 바가 없으니 무아無我이다. 그 지知함은 주관이 대상을 지知함이 아니니 지知함을 떠난 지知인지라 아我가 대상을 지知하는 것이 아니다.

※

又問, "若簡有事, 取無事者, 云何言得非道也?"
答, "其實死事 汝□死遣他生事, 作何物也【答, 其實死事 汝作死遣作生事, 作何物也.(『閏84』本)】."

【又問曰, "有事 有何妨."
答曰, "無妨卽無事, 問何妨."】(『p2074』本, 『p2732』本)

※저본의 내용은 명확하지 않은 반면, 『p2074』본, 『p2732』본의 내용은

간단명료하다. 그래서 후자의 글을 번역한다.

【또 묻는다.
"하는 일이 있다는 것이 왜 방해가 된다는 것입니까?"
답한다.
"방해되는 것이 없다면 일이 없을 텐데 왜 방해가 되느냐고 묻는 것인가."】

【해설】 방해되고 안 되고도 모두 당처에 즉하였는가, 아닌가에 의한 것일 뿐이다. 아我가 있다는 생각으로부터 한량없는 장애가 나오게 된 것이 분명하거늘, 왜 아가 있다는 것이 방해가 되느냐고 물었으니 딱해서 그렇게 답하였다.

※

【又問曰, "乃有因緣得煞生不?"
答曰, "野火燒山 猛風折樹 崩崖壓獸 汎水漂蟲, 心同如此. <u>含人亦併儅得, 若有猶豫</u>(合人亦煞, 若有猶豫之心: 『p2732』本), 見生見煞中, 有心不盡者 乃至煞蟻者 亦結于命業."】(『p2074』本)

※이 단락은 저본보다는 『p2074』본의 자구가 더 완비되어 있고 뜻이 명확하여 이를 인용하고 번역한다. 단지 밑줄 그은 구절은 ( ) 안의 『p2732』본이 명확하여 이에 따른다.

또 묻는다.

"인연이 있다면 살생할 수 있는 것입니까?"

답한다.

"들에서 번진 불이 산을 태우고, 맹풍이 나무를 부러뜨리며, 절벽이 무너져 짐승을 덮치고, 흘러넘친 물이 벌레를 표류시키듯이 마음도 이와 같다. 사람이 살생을 하되 유예猶豫하는(이럴까 저럴까 하는, 이리저리 걸리는) 마음이 있어 살리고 죽이는 가운데 마음이 다하지 못하면(無心하지 못하면) 개미 한 마리를 죽이는 것도 또한 명업命業을 짓는 것이 된다."

【해설】 당념·당처를 떠나 한마음이라도 일으키면 들에서 번진 불이 산을 태우고, 맹풍이 나무를 부러뜨리듯이 온갖 업을 연이어 일으킨다. 하나의 파도가 연이어 한없는 파도로 이어짐과 같다. 그러나 산을 태우는 불도, 나무를 부러뜨리는 바람도 무심하다. 무심하기에 그 불과 바람에 죄업이 있는 것이 아니다. 당처·당념에 즉하면 그대로 무심無心이어서 무엇을 짓는 바가 없고, 일체 행에 걸릴 바 없으며, 시비是非 선악의 문제가 문제되지 않는다. 무심을 억지로 지어서 지니고자 하여 무심이 이루어지는 것이 아니다. 본래 무심임을 요지了知하여야 당처에 즉하게 되어 무심이 된다. 그렇지 아니하고 무심을 흉내 내거나 가장하여 살생한다면 큰 죄업을 짓게 된다.

⁂

又問, "迺有因緣 得偸盜?"

答, "若蜂采池花, 雀銜庭粟, 牛湌澤豆, 馬取原禾, 畢竟不作自他物解者得. 若生彼我心 乃至針豪 亦計作奴婢業."

또 묻는다.
"인연이 있다면 훔칠 수 있는 것입니까?"
답한다.
"벌이 연못의 꽃분을 취하고, 참새가 뜰의 밤을 쪼아 먹으며, 소가 소택沼澤의 콩을 먹고, 말이 들판의 벼를 취하는 것은 필경 내 것, 남의 것이라는 분별없이 얻는 것이다. 만약 너와 나라는 분별심을 내면 바늘이나 호리(豪釐, 極小)의 조그마한 것을 훔치는 행위도 또한 노비奴婢가 되는 업業을 짓는 것이 된다."

❊

【又問, "迺有因緣 行淫不?"
答曰, "天覆於地, 陽合於陰, 厠承上漏, 泉澍於溝, 心同如此, 一切無障碍. 若生情分別者, 乃至自家婦亦汚你心."】(『p2074』本)

※저본보다 『p2074』본이 더 완비되어 있어 이를 인용하고 번역한다.

또 묻는다.
"인연이 있다면 음행淫行할 수 있는 것입니까?"
답한다.
"하늘은 땅을 덮고 있고, 양陽은 음陰에 화합하며, 측간厠間은 위에서 떨어지는 오줌을 받아들이며, 샘물은 도랑으로 흘러들어 가나니 마음 또한 이와 같아 일체에 걸림이 없다. 만약 정情을 일으켜 분별한다면 자신의 부인婦人에 대한 행위도 또한 너의 마음을 오염시킨다."

※

【又問, "適有因緣 得妄語不?"
答曰, "語而無主, 言而無心, 聲同鍾嚮 氣類風音. 心同如此 道佛亦是無事. 若不如此者, 乃至稱佛亦妄語."】(『p2074』本)

※ 저본에 오탈誤脫이 많아 『p2074』본으로 대체하여 번역한다.

또 묻는다.
"인연이 있다면 망어妄語할 수 있는 것입니까?"
답한다.
"말하되 말하는 주체가 없고, 말하되 무심無心이며, 말소리는 종소리와 같이 자연의 기氣이고 음音이다. 마음도 이와 같고, 도道와 불佛 또한 이와 같아 무엇을 한다 함이 없나(無事). 만약 이렇게 하지 않으면(무엇을 한다 함이 없이 하지 않으면) 염불하는 것도 또한 망어妄語가 된다."

※

又問, "若不存身【身見: 『p2074』본】, 云何行住坐臥耶?"
答, "但行住坐臥 何須立身見也."

또 묻는다.

"만약 몸이 있다는 생각이 없다면 어떻게 행주좌와行住坐臥를 합니까?"

답한다.

"단지 행주좌와 할 뿐인데 어찌 꼭 몸이 있다는 생각을 세워야 하겠는가."

※

【又問曰, "旣不存心者 得思惟義理不?"

答曰, "若計有心者, 無思惟亦有. 若了無心者, 設思惟亦無. 何以故, 譬如禪師靜坐而與慮猛風 亂動而無心."】(『p2074』본)

※이 단락도 저본에 오탈이 있어 『p2074』본으로 대체하여 번역한다.

또 묻는다.

"이미 마음이 없다면 의리義理를 사유할 수 있겠습니까?"

답한다.

"만약 마음이 있다고 분별한다면 무사유無思惟 또한 있게 된다. 만약 무심無心임을 깨달으면 사유思惟를 시설施設하는 것 또한 없다. 왜냐하면 비유컨대 선사가 정좌靜坐하여 생각의 맹풍이 난동하여도 무심인 것과 같은 까닭이다."

【해설】 무심無心을 허무의 상태로 생각해서는 안 된다. 거울이 공적空寂하여 만상을 비추듯이 마음도 무심하여 공적한지라 화도 내고 걱정도 하며 웃기도 한다. 마음이 본래 무심임을 깨달은 자리에서는 번뇌의

소용돌이가 쳐도 그대로 공적하여 무심일 뿐이다. 무심인지라 마음의 일체 공용功用이 있는 것이다.

⁂

【於是緣門復起問曰, "若有初學道人 忽遇因緣 他欲來害, 云何對治而合道乎?"
答曰, "一箇不須對治. 何以故. 可避 避之. 不可避 住之. 可忍 忍之. 不可忍 笑之."】(『p2074』本)

※저본은 이 단락이 크게 탈루되어 있어 『p2074』본으로 대체하여 번역한다.

이에 연문緣門이[13] 다시 일어나 물었다.
"만약 처음 도를 배우는 이가 홀연 인연을 만나 다른 사람이 자신을 해치러 다가온다면 어떻게 대처하여야 도道에 합당한 것입니까?"
답한다.
"한 가지도 대처해야 할 것이 없다. 왜 그러한가. 피할 수 있으면 피한다. 피할 수 없으면 그 자리에 있는다. 참을 수 있으면 참는다. 참을 수 없으면 웃어넘긴다."

【해설】 당처에 즉한 자리에서는 무유정법(無有定法: 일정한 법이 없음)이 그대로 구현된다. 무엇이든 문제될 바가 없다.

---

13 이 질의응답에서 질문자는 緣門이다. 『p2074』本에서는 질문자 연문의 이름이 띄엄띄엄 기재되어 있다.

※

又問, "若笑者與有他我見人見 何別?"
答, "如杵鍾 其聲自然出也, 何必有我乎. 汝若繩捉心 嚙齒口忍者, 此乃存大大我也."

또 묻는다.
"(그렇게) 웃어넘기는 이가 저 아견我見, 인견人見을 지니고 있는 사람과 어떻게 구별되는 것입니까?"
답한다.
"몽둥이로 종을 치면 그 소리가 자연히 나오는데 왜 내가 있어야 할 필요가 있겠는가. 네가 만약 마음을 딱 붙들어 메어두고 치아를 악물며 참는다면 바로 여기에 크고 큰 아我가 있다."

※

【又問曰, "人之哀樂中 有情動, 豈同鐘聲也?"
答曰, "言同與不同者. 但是汝多事妄想思量 作是門. 若無心分別者 體達自然."】(『p2074』本)

※이 단락은 저본보다 『p2074』본이 더 명확하여 이를 번역한다.

또 묻는다.
"사람은 슬픔과 즐거움 속에 있을 때 정情이 움직이게 되는데 어찌 종소리와 같겠습니까?"

답한다.
"언어로 같다 다르다 하는 것은 단지 네가 망상의 사량분별을 많이 해오며 이러한 문(門: 같다 다르다 하는 분별의 문)을 지은 것일 뿐이다. 만약 마음에 분별함이 없으면 자연을 체달體達한다."

【해설】 사람은 정情에 따라 움직이니 종소리와 같이 때리면 무심히 자연히 나오는 것과 다르다는 질문이다. 정이란 것도 분별로부터 나온다. 분별이 없으면 정에 구애됨도 없어 참다운 자연의 자재自在함을 체달한다.

⁂

又問, "聖人兵不傷, 苦不哭, 色不蕩【受: 『p2074』本, 『p2732』本】, 心不動, 何爲?"
答, "若了一切法無我者, 聲與不聲, 動與不動, 俱合理也."

또 묻는다.
"성인聖人은 병기兵器에 다치지 아니하고, 고통으로 신음하지 아니하며, 색色에 끌리지 아니하여 마음이 흔들림 없는데 왜 그러합니까?"
답한다.
"일체법一切法이 무아無我임을 깨달으면 소리와 소리 없음, 움직임과 움직이지 않음이 모두 리理에 합치하느니라."

【해설】 있고 없음이 따로 있는 것이 아니다. 모두 당념·당처를 떠나 있지 않아 불이不二이다. 무아를 깨달음이란 곧 어디로 향할 바가 없음을

깨달은 것이다. 어디로 향함이 없음이 당념·당처에 즉함이다. 당념·당처에 일체의 원만한 리理가 다 구족되어 있다.

※

又問, "有學道人 不專持戒 不護戒威儀 不勤精進 不化衆生 騰騰任運, 狀如廢人, 有何意耶?"
答, "蓋是滅見也. 雖外似騰騰, 內察垣, 無有捨."

또 묻는다.
"도道를 수학修學하는 이가 지계持戒를 오로지 하여 지키지 아니하고, 계戒를 호지護持한 위의威儀를 행하지 아니하며, 부지런히 정진하지 아니하고, 중생을 교화하지 않으며, 술 취한 듯 마음 가는 대로 아무렇게나 행동하고 다니니 그 모습이 마치 폐인과 같은데, 이것이 무슨 뜻입니까?"
답한다.
"대체로 이것은 견見을 멸滅한 행이다. 비록 밖으로는 술 취한 듯 제멋대로 행하는 모습이지만 안으로 담장 안을(內心을) 살피고 있는지라 버릴 것이 없다."

【해설】 이러한 행자行者가 모두 견見을 멸滅한 경우는 아닐 것이다. 그래서 대체로 그렇다고 하였다. 후대에 갈수록 진짜보다는 흉내를 내거나 거짓으로 견見을 멸한 경지에서 하는 것인 양 자신을 속이고 남을 속이는 자가 많아졌다.

리理가 본래 일체에 걸림 없는데 사事, 특히 지계持戒나 선법善法, 악법惡法에 걸리게 되기 쉽다. 자심自心에서 요지了知한 대승의 심의深義 내지는 리理가 철저하게 구현되는 과정에서 본문의 예와 같은 걸림 없는 행이 나올 수 있으니, 이는 일체의 견見으로부터 걸림 없이 자재自在한 본래의 심성心性에 계합하여 가는 과정이다.

❊

又問, "此行者更生他小兒之見, 云何稱言滅見也?"
答, "但滅已見, 何慮他生. 譬如魚求滐泉, 寧當更慮耶."

또 묻는다.
"이러한 행자行者가 다시 다른 소아小兒의 견(見: 형편없는 見)을 내었다면 어찌 견見을 멸하였다고 하겠습니까?"
답한다.
"단지 이미 견見을 멸히였는데 어찌 다른 견이 생긴다고 생각할 수 있는가. 비유컨대 물고기가 개천(연못)을 찾았는데 어찌 다시 (연못 찾을) 생각을 하겠는가."

❊

問, "若此者 卽遣自益, 不平(評), 何名大士?"
答言, "損益但有空名, 生與不生 汝心自執. 今汝云 慮他者, 乃是自生非他生耶."

(『閏84』本)

※ 저본보다 더 명확한 『윤閱84』본을 인용하고 번역한다. 그리고 『p2074』본에는 이 이하의 내용이 없다.

묻는다.
"만약 이러한 이들이 자신의 이익을 버림을 불평한다면 어찌 대사(大士: 보살)라 하겠습니까?"
답한다.
"손해와 이익은 단지 공명空名일 뿐이고, 생生과 불생不生은 너의 마음이 스스로 집착한 것이다. 지금 네가 말하고, 그러한 이들에 대해 생각하는 것은 이것이 자생自生인가, 타생他生이 아닌 것인가(他生인가)."[14]

【해설】 마음의 분별이 자생(自生: 자체에서 생함)도 아니고 타생(他生: 다른 것으로부터 생함)도 아니어서 본래 무생無生임을 일깨우고 있다.

※

又問, "若內通大理, 外現小儀, 自他同物, 於法何損?"
答, "汝今繩死 要他大老子作小兒戲, 於理何益."
答, "證者乃知, 悟者能識."

(『閱84』本)

---

14 밑줄 그은 '他生이 아닌 것인가'는 '他生인가'가 옳지 않을까 한다. 본문의 '自生非他生耶'는 '自生耶他生耶'의 誤記가 아닌가 한다.

※이 단락도 마찬가지 이유로 저본이 아니라 『윤閏84』본을 인용하여 번역한다.

또 묻는다.
"만약 안으로 대리大理에 통하고 밖으로는 보잘 것 없는 위의威儀를 드러낸다면 자타自他가 같은데 어찌 법에 손상됨이 있겠습니까?"
답한다.
"네가 지금 묶여 있어 죽을 지경인데 저 노인이 어린애의 장난을 해야 한다는 것이 도리를 얻는 데 무슨 이익이 있겠는가?"
답한다.
"증득해야 알고, 깨달아야 능히 알 수 있느니라."

【해설】 질문자를 '지금 묶여 죽을 지경'이라 한 것은 오온五蘊에 묶여 환幻을 좇고 있어 제정신이 아니니 죽게 될 지경이라는 것이고, 노인이 어린애 장난을 함이란 견見을 멸함을 이룬 이가 어린애처럼 아무렇게나 행하는 것을 말한다. 견을 멸함을 이룬 이가 행하는 그러한 행위가 아직 오온의 굴레에 묶인 너의 수행에 무슨 도움이 되겠는가라는 말이다. 증득하고 깨달아야 그러한 행을 알 수 있는 것이니 아직 깨닫지 못한 상태에서 그러한 행에 대해 머리 굴려 따질 필요 없다는 말이다.

❊

又問, "如是滅見大士 何能知?"
又問, "如此滅見大士亦能化生不?"

答, "何有日出不照 燈擧不明."

(『閏84』本)

※위와 같은 이유로 『윤閏84』본을 인용 번역한다.

또 묻는다.
"이와 같이 견見을 멸함을 이룬 보살을 어떻게 알아볼 수 있습니까?"
또 묻는다.
"이와 같이 견을 멸함을 이룬 보살도 또한 화생化生할 수 있습니까?"
답한다.
"어떻게 해가 떴는데 비추지 않을 것이며, 등불을 들었는데 밝지 않을 것인가."

【해설】 해가 뜨고, 등불을 들었다란 곧 견見을 멸함을 이룬 보살의 청정하고 밝은 광명이 온 법계를 두루 비추게 된다는 것이다. 그래서 보살은 드러나는 것이고, 중생계에 화생化生하여 보살행을 한다.

❊

又問, "作何方便, 云何大利?"
答, "物來而名事至, 而應無心計校, 斷絶衆緣, 始成大利."

또 묻는다.
"어떠한 방편으로 어떻게 크나큰 이익을 얻습니까?"

답한다.

"사물事物에 대하게 되면 명名과 사事가 따르게 되는데, 마땅히 (그 자리에서) 마음으로 분별하지 아니하고, 모든 연(緣: 대상)을 끊어야 비로소 크나큰 이익을 이루느니라."

⁂

又問, "經云, 思惟方便 從何而生?"

答, "諸佛不生. 但從心生. 緣化萬有, 法本無名."

또 묻는다.

"경에서 말하는 사유방편思惟方便은 어디에서 나온 것입니까?"

답한다.

"모든 부처님은 불생不生이다. 단지 마음으로부터 나올 뿐이다. 인연으로 만유萬有가 화작化作되는 것이니, 법은 본래 이름이 없다."

【해설】 오직 마음뿐이기에 무엇이 생겼다 할 것이 없다. 마음 밖에 부처가 따로 있는 것이 아니다. 마음이기에 인연법이 가능하고, 인연법 그대로가 마음일 뿐이다. 그래서 인연으로 생함 그대로가 무생無生이고, 무생의 리理가 부처이다. 무생이고 오직 마음일 뿐이기에 모든 존재는 본래 이름과 상相이 없다. 이름과 상相에 끌림을 떠나게 하기 위해 경전에서 많은 사유방편이 설해졌다. 그러한 사유방편도 모두 마음에서 나온 것이다. 그래서 그러한 사유방편 또한 얻을 바 없다. 사유방편의 올바르고 깊은 뜻을 알았다면, 즉 마음뿐임을 알았다면 그 사유방편에도 향함이

없게 된다. 그렇지 않으면 당념·당처를 떠나 환幻을 좇아가는 것이 되어버린다.

※

又問, "我不知云何爲佛, 何名爲道, 何名變化, 誰名常住?"
答, "覺了無物 謂之爲佛, 通達一切 名之爲道, 法界出生 稱爲變化, 究竟寂滅 故號常住."

또 묻는다.
"저는 왜 불佛이라 하고, 왜 도道라 이름하며, 변화變化가 무엇이고, 무엇을 상주常住라 하는지를 모르겠습니다."
답한다.
"사물이 없음을 깨달음을 불佛이라 하고, 일체를 통달함을 도道라 하며, 법계가 출생함을 변화라 하고, 구경究竟 적멸寂滅인 까닭에 상주라 한다."

※

又問, "云何名一切法悉是佛法?"
答, "非法通一切法也."

또 묻는다.
"왜 일체법이 모두 다 불법佛法이라 합니까?"
답한다.

"비법非法이 일체법에 통하기 때문이다."

【해설】 비법非法에 대해서는 『대승입능가경』 권제1 「라바나왕권청품」에 자세히 설명되어 있다. 여기에 그 단락을 인용한다.

능가왕이여! 무엇이 비법非法인가. 제법諸法이 무성無性·무상無相하여 분별을 영원히 떠나 있음을 말하는 것이다. 여실如實히 보는 자는 유有나 무無와 같은 경계가 모두 나오지 않나니, 이를 이름하여 비법非法을 버린다고 한다. 다시 또 다른 비법이 있으니 소위 토끼 뿔과 석녀石女의 아기 등이다. 모두 아무 성상性相이 없어 분별할 수 없는데 단지 세속에 따라 명자名字로 말한 것이다. 물병 등과 마찬가지로 취할 수 없으니 그것은 식識이 취할 바가 아닌 것이다. 이와 같은 분별도 역시 마땅히 버리고 떠나야 하느니 이를 이름하여 '사법(捨法: 법을 버림)'·'사비법(捨非法: 非法을 버림)'이라고 하느니라.[15]

즉 비법非法이란 두 가지이니, 하나는 법(色受想行識의 모든 존재)이 무성·무상이어서 무슨 법이라고(어떠한 것이라고) 할 수 없어 분별을 영원히 떠나 있는 것을 말함이고, 다른 하나는 토끼 뿔·석녀의 아기와 같이 실제는 없고 말만 있는 것이다. 그런데 전자의 비법 또한 유有·무無의 분별이므로 이 또한 버려야 한다.

요컨대 법(法: 존재)의 실체가 없는데 있다고 보는 분별은 무성無性 무상관無相觀으로 그 분별을 넘어서고, 이 법의 분별을 넘어서게 하는

15 앞의 『如來心地의 要門－대승입능가경 역주』, p.57에서 인용.

비법의 분별(無性無相觀)도 버려야 하며, 성상性相이 없이 말만 있는 토끼 뿔·석녀의 아기 등의 비법도 버려야 한다는 것이다. 이렇게 법과 비법의 분별을 모두 버리면 일체의 분별을 버리는 것이 된다. 비법이 일체법에 통한다는 것은 일체법이 본래 비법(非法: 非相)인 성性을 갖추고 있음을 말하고, 『금강경』에 "만약 모든 상相이 비상非相임을 보면 여래를 봄이다"고 한 바와 같이 비법(非相)이니 일체의 분별을 떠나(非法이므로 非法이라는 법도 취함이 없음) 여래를 보게 되어 일체법에서 불법佛法을 통달한다는 것이다.

❊

又問, "誰說 誰證?"
答, "此誰云何言證."

또 묻는다.
"누가 설하고 누가 증득합니까?"
답한다.
"왜 누가 증득한다고 말하는 것인가."

【해설】 당처에 즉한 자리에서는 누가 증득한다는 것이 없다.

❊

又問, "無誰 何說?"
答, "無誰卽無說之說, 乃稱正說."

또 묻는다.

"(설하는) 누가 없다 함은 어떠한 설입니까?"

답한다.

"(설하는) 누가 없는 것이 곧 설함 없이 설함이요, 이렇게 하여야 올바른 설이라 칭한다."

※

又問, "何名邪說?"

答, "有心計校者 名爲邪說."

또 묻는다.

"무엇을 삿된 설(邪說)이라 합니까?"

답한다.

"마음에 분별함이 있는 것을 이름하여 삿된 설이라 한다."

※

又問, "是誰之計, 云何無計?"

答, "計者悉空, 其實無物. 知語中無語, 計者亦無."

또 묻는다.

"이것은 누가 분별함이며, 무엇이 분별함 없는 것입니까?"

답한다.

"분별하는 자는 모두 공空이며, 실은 무엇이 있는 것이 아니다(無物).

말하는 가운데 말이 없고, 분별하는 자 또한 없다.”

【해설】 신증身證한 자리에서는 설함과 들음이 따로 있지 아니하니 설청동시說聽同時이다. 소리와 소리를 들음이 두 자리가 아니다.

※

又問, “如此說者, 一切衆生 應本解脫?”
答, “本不繫縛, 何有解脫.”

또 묻는다.
“이와 같이 설하시면 일체중생이 응당 본래 해탈하였겠습니다.”
답한다.
“본래 묶임(얽매임)이 없었거늘 어떻게 해탈이 있겠는가.”

【해설】 묶이었다는 것은 꿈속의 일과 같다.

※

又問, “縛解之無, 何有名字?”
答, “法尚無有, 何得有名.”

(『閱84』本)

※ 저본은 ‘何得有名’ 부분이 흐려 알아보기 어렵게 되어 있다.

또 묻는다.
“묶임과 해탈이 없다면 왜 이름이 있는 것입니까?”
답한다.
“항차 법이 없거늘 어떻게 이름이 있을 수 있겠는가.”

❊

又問, “如此語者, 我縛不解?”
答, “實無解法, 汝(『閏84』本)莫求解. 汝若求一个解法, 此法令汝更受長睡.”

또 묻는다.
“이와 같이 말한다면 저는 묶여 있어 해탈되어 있지 못합니다.”
답한다.
“실은 해탈하는 법이 없는 것이니 너는 해탈의 법을 구하지 말라. 네가 만약 하나의 해탈하는 법을 구한다면 이 법이 너를 다시 기나긴 수면에 빠지게 할 것이다.”

【해설】 당처當處를 떠나 그 어떠한 것도 없는데 무슨 법에 의지하여 해탈을 구하고자 한다면 오히려 당처에 즉함을 방해할 뿐이다. 그래서 해탈의 법을 따로 구하지 말라고 하였다.

❊

又問, “何法名究竟?”

答, "法無終始, 誰存究竟."

또 묻는다.
"어떠한 법을 이름하여 구경이라 합니까?"
답한다.
"법이란 끝과 시작이 없는 것인데 누가 구경이 있다 하였는가."

※

又問, "法無究竟, 可因果耶?"
答, "法本旣無, 何名因果."

또 묻는다.
"법에 구경이 없다면 인과는 있을 수 있는 것입니까?"
답한다.
"법이 본래 이미 없는데 무엇을 인과라 할 것인가."

※

又問, "云何說證?"
答, "其實無證說."

또 묻는다.
"어떻게 설하고 증득하는 것입니까?"
답한다.

"실은 증득함과 설함이 없다."

❊

又問, "佛云何知見?"
答, "佛知一切法如, 見一切法等."

또 묻는다.
"부처님은 어떻게 지견知見하십니까?"
답한다.
"부처님은 일체법을 여여如如하게 지知하시고, 일체법이 평등임을 견見하신다."

❊

又問, "何心知, 何目見?"
答, "無心之心知, 無目之目見."

또 묻는다.
"어떠한 마음으로 지知하고, 어떠한 눈으로 견見합니까?"
답한다.
"무심無心의 심心으로 지知하고, 무목無目의 목目으로 견見한다."

❊

又問, "誰說是言?"

答, “如我所問.”

또 묻는다.
“누가 이렇게 설하였습니까?”
답한다.
“내가 질문받은 바와 같다.(누가 이렇게 설하였는가?)”

【해설】‘누가 설하였다는 것인가?’ 하고 반문하였다.

❊

又問. “云何如我所問?”
答, “浴得知, 汝自觀問者. 於是緣門再審 寂然無言.”
入理先生問曰, “如何不言?”
緣門答曰, “我不見一切法, 如微塵許, 而不對也.”

또 묻는다.
“왜 ‘내가 질문받은 바와 같다’고 하십니까?”
답한다.
“알고자 하면 너 자신이 질문하는 자를 관觀하여 보라.”
이에 연문(緣門: 본 문답에서 질문자임)이 재삼 깊이 심찰審察하며 고요히 말이 없었다.
입리入理 선생이 물었다.
“왜 말하지 않는가?”

연문緣門이 대답하였다.

"제가 일체법一切法, 티끌과 같은 것이라도 봄이 없어 대답하지 않은 것입니다."

※

尒時入理 卽於緣門曰, "汝今似見, 眞實好理也?"

緣門問曰, "云何似見, 非正見乎?"

入理答, "汝今所見無有一切法者, 如彼外道雖隱形 而未能滅影及迹."

(『閏84』本)

※저본의 몇 개 글자가 흐려 알아보기 힘들다. 『윤閏84』본을 인용하여 번역한다.

이때에 입리入理 선생이 연문緣門에게 말하였나.

"네가 지금 진실한 리理인 듯 잘못 본 것이니라."

연문이 물었다.

"왜 사견似見이고 정견正見이 아닙니까?"

입리 선생이 답하였다.

"네가 지금 일체법이 없다고 본 것은 저 외도가 비록 형상은 은복隱覆하였으나 아직 영影과 적迹은 멸하지 못한 것과 같다."

【해설】 유무有無를 분별함이 있다면 아직 당처에 즉하지 못한 것이다.

❊

緣門又問, "何得形影雙滅?"

入理答曰, "本無心境, 汝莫起生滅之見."

연문이 또 물었다.

"어떻게 형상과 그림자를 모두 함께 멸할 수 있습니까?"

입리 선생이 말하였다

"본래 심心과 경계가 없나니 너는 생멸의 견見을 일으키지 말라."

【해설】 심心도 경계도 따로 없는 자리가 곧 당처에 즉한 자리이다. 여기서는 이미 형상과 그림자를 멸한다는 것이 하등 문제되지 않는다.

❊

又問, "吾聞聖人無問而自說, 云何待問說?"

答, "對病故說藥, 無病故不須說. 此是對病語."

또 묻는다.

"제가 듣기에 성인은 (누가) 묻지 않아도 스스로 설한다 하였는데, 왜 질문을 기다려서 설하십니까?"

답한다.

"병을 치료하기 위한 까닭에 약을 설하고, 병이 (본래) 없는 까닭에 꼭 설하지는 않는다. 이것은(지금의 대화는) 병을 치료하기 위해 설하는 것이다."

※

又問, "他人未言 聖人云, 使其病未發, 藥病, 何須?"
答, "如天震雷動, 而必有所應, 如其有藥 剋有病人."

또 묻는다.
"타인이 아직 말하지(질문하지) 않았는데 성인이 말한다는 것은 그 병이 아직 발생되지 않았는데도 병에 약주는 것이니 어찌 꼭 그래야 하겠습니까?"
답한다.
"하늘에 벼락과 뇌성이 울리면 반드시 응함이 있듯이 약이 있게 되면 꼭 (그 약을 먹고 낫게 될) 병자가 있는 것이다."

※

又問, "大聖旣無有, 何生緣, 何見世?"
答, "太平之世 瑞草緣生."

또 묻는다.
"대성大聖이 이미 없는데 어떻게 생하는 연緣이 있으며, 어떻게 세상에 보이게 된 것입니까?"
답한다.
"태평의 세世에는 상서로운 풀이 인연 따라 생한다."

※

又問, “大聖旣非盡, 云何見滅?”
答, “飢荒之世 五穀緣滅.”

(『閏84』本)

※저본의 몇 개 글자는 흐려 알아볼 수 없다. 뚜렷이 명기된 『윤閏84』본을 인용 번역한다.

또 묻는다.
“대성大聖은 이미 멸진滅盡함이 없는 것인데 왜 입멸入滅함을 보이는 것입니까?”
답한다.
“굶주림의 세世에는 오곡五穀이 인연 따라 멸한다.”

※

又問, “吾聞, 聖人初從空起, 慈悲化生 無碍大通, 豈同瑞草生也?”
答, “空謂法身起, 謂化身法無同繫. 化無緣苗生, 設虛通故, 稱無碍(稱無碍生: 『p2732』本).”

또 묻는다.
“제가 듣기에, 성인께서는 처음 공空에서 생기生起하여 (중생구제의) 자비심으로 화생化生하셨으며, 걸림 없고 대통大通하신다 하였는데, 어찌 상서로운 풀이 생긴 것과 같겠습니까?”

답한다.

"공이란(공에서 生起하였다 함은) 법신法身에서 생기하였음을 말하며, 화신化身과 법신은 똑같이 묶임이 없음을 말한다. 화신은 연緣에 의지한 묘생(苗生: 싹으로 생함)이 아니고, 텅 비어 어디에나 통하게 이루어진 까닭에 걸림 없는(無碍) 생生이라 칭한다."

※

問, "云何言念? 【悲: 『p2732』本】"

答, "但以化身無慮 體合眞空, 人物無心, 彼繩 謂之悲也."

(『閏84』本)

※위와 같은 이유로 『윤84』본을 인용 번역한다.

단 밑줄 그은 '염念'은 답변의 내용으로 보아 『p2732』본의 '비悲'가 옳다.

묻는다.

"무엇을 비悲라고 합니까?"

답한다.

"단지 화신化身으로 사려思慮함이 없어 체가 진공眞空에 합일되면 인人과 사물에 무심無心하나, (眞空에서) 그것에(人과 事物에) 묶이면 이를 비悲라고 하느니라."

【해설】 깨달음을 성취하여 진공에 합일되니 무심하나, 또한 생사윤회하는 가엾은 중생에 향하게 되니 연민의 마음인 비悲가 나온다. 깨달은

후의 보살행이 여기에서 나온다. 그래서 유마거사는 중생이 아프니 보살도 아프다고 하였다. 그러나 이미 무심임을 증득하여 병든 가운데 무심임을 아는 까닭에 어려운 보살행을 헤쳐갈 수 있다.

⁂

又問, "衆生何時修道)得似如來?"
答, "若不了時 縱設恒沙劫循轉 不及. 若了時 衆生卽是如來, 何論得似."

(『閏84』本)

※ 위와 같은 이유로 저본 대신 『윤84』본을 인용 번역한다.

또 묻는다.
"중생은 수도修道하여 언제 여래와 비슷한 자리를 성취할 수 있습니까?"
답한다.
"깨닫지 못하였을 때에는 설사 항사겁 동안 전전하며 닦는다 하더라도 (여래에) 이르지 못한다. 깨달았을 때에는 중생이 곧 그대로 여래인데, 어떻게 비슷한 자리를 얻을 수 있는가 하고 논하겠는가."

⁂

又問, "若此說者, 如來卽應易得, 云何言三大劫修也?"
答, "甚難非易."

또 묻는다.

"만약 이렇게 말한다면, 여래를 응당 쉽게 성취할 수 있을 것인데 왜 삼대겁三大劫을 닦아야 한다고 말하는 것입니까?"

답한다.

"(여래를 성취함은) 매우 어려운 일이고 쉬운 일이 아니다."

⁂

又問, "旣道卽是, 云何返說難?"

答, "夫起心二是易, 滅二轉難. 有作有身易, 無作無身難. 故知玄功難會, 妙理難合. 不動卽眞佛, 無相爲法, 卽三聖共尊, 非吾獨貴."

또 묻는다.

"이미 (앞에서 말씀하신바) 도가 바로 그러하건대 왜 오히려 (여래를 성취함이) 어렵다고 하십니까?"

답한다.

"무릇 심心을 두 가지로(生과 滅, 有와 無, 一과 異 등) 일으킴은 쉽고, 두 가지로 전전展轉함을 멸함은 어렵다. 행하는 자가 있고 몸이 있다고 봄은 쉽고, 행하는 자가 없으며 몸도 없다고 봄은 어렵다. 까닭에 현공玄功을 아는 데 이르기는 어렵고, 묘리妙理에 합치하는 것도 어렵다. 부동不動이면 곧 진불眞佛이고, 무상無相이 법法이 되면 곧 삼성三聖이[16] 함께 존중하나니 나만 홀로 귀하게 여기는 것이 아니다."

16 화엄삼성華嚴三聖: 비로나자불·문수보살·보현보살.
미타삼성彌陀三聖: 아미타불·관세음보살·대세지보살.

※

於是緣門長歎聲, 滿十方寂然無音, 豁然大悟. 玄光淨智, 乃蕩先疑, 無始是非 因茲永息, 始知學(道)奇難也.

이에 연문緣門이 긴 탄성을 내고, 온 시방이 고요하여 아무 소리 없는 가운데 활연豁然 대오大悟하였다. 현광玄光과 청정한 지혜가 이에 앞의 의문들을 씻어내 버리고, 무시無始의 시비是非도 이로 인해 영원히 종식됨에 비로소 도를 배운다는 것이 기묘하고 어려운 것임을 알게 되었다.

※

"先生則無說而說, 我則無聽而聽, 說一合. 從來寂然, 不知上來所問, 答者誰也?"

"선생께서는 설함 없이 설하시고, 저는 듣는 바 없이 들어 설함과 합일되었습니다. 종래從來 적연寂然한지라 앞에서부터 질문한 바를 모르겠으며, 대답한 분은 누구입니까?"

【해설】 질문하던 연문緣門이 당처에 즉하게 된지라 상대相對가 따로 없게 되니 꿈에서 깨어나 사량 분별했던 모든 일들이 자취 없는 것이 되었다.

※

於是入理曰, "夫至理幽玄 無有文字. 汝所問者 皆是量起心生也. 覺

已無物 皆假名, 問答無蹤, 可言絶觀論也."

이에 입리 선생이 말하였다.
"무릇 지리至理는 유현幽玄하고, 문자가 없다. 네가 질문한 것은 모두 헤아리는 마음으로 일어난 것이다. 깨닫고 나면 사물이 없고 모두 가명假名이며, 문답은 자취가 없나니 가히 「절관론絶觀論」이라 말할 수 있느니라."

【해설】 오직 당처 외엔 아무 것도 없는 까닭에 무엇을 보거나 관할 바가 없다. 그래서 절관絶觀이다.

❊

問曰, "人皆有心, 作何方便 得無生心?"
答, "下中上修能見自心妄想, 知三衆如幻, 實空, 始可得免."

묻는다.
"사람들이 모두 마음이 있는데 어떠한 방편으로 무생無生의 심心을 얻을 수 있습니까?"
답한다.
"하下·중中·상上의 수행으로 능히 자심自心이 망상妄想임을 보고, 삼중三衆이 환幻과 같음을 알아 진실한 공空을 증득하면 비로소 (生滅을) 면할 수 있다."

⁜

問曰, "一切衆生 如幻如夢, 弟子煞之, 有罪不?"
答, "若見有衆生, 是衆生煞之, 得罪. 不見衆生, 是衆生卽無可煞, 如夢中煞人, 寤時畢竟無物."

묻는다.
"일체중생이 환幻과 같고 꿈과 같다 하였는데, 제자가 살인한다면 죄가 됩니까?"
답한다.
"만약 중생이 있다고 본다면, 이 중생이 살인하는 것은 죄가 된다. 중생이 있다고 봄이 없으면 이 중생은 곧 살인한 것이 될 수 없나니, 꿈속에서 살인하였으나 깨어나서 보면 필경에 아무 일도 없었던 것과 같다."

⁜

問, "云何入道?"
答, "心非有無, 何入道. 欲得識入道者, 不出入心, 是也."

묻는다.
"어떻게 도에 들어갑니까?"
답한다.
"마음은 있고 없고 하는 것이 아닌데 어떻게 도에 들어가겠는가. 도에 들어가는 것을 알고자 하건대 출입함이 없는 마음, 바로 이것이니라."

【해설】 마음은 공적하여 무상無相이고, 모든 것이 오직 마음일 뿐인지라 따로 그 처소가 없어서 출입함이 본래 없는 것이다.

問, "有人飮食酒肉, 行諸五慾, 得作佛法耶?"
答, "心上不有, 誰作是非."

묻는다.
"어떤 사람이 술과 고기를 먹고, 여러 오욕을 행하면서 불법佛法을 이루어갈 수 있습니까?"
답한다.
"마음에 아무 것도 없다면 누가 시비是非를 하겠는가."

⁂

問, "何名佛法?"
答, "知心法無, 卽是佛法."

묻는다.
"무엇이 불법佛法입니까?"
답한다.
"심법心法이 없음을 아는 것, 바로 이것이 불법佛法이다."

【해설】 심법心法이 없다 함은 곧 무심無心이되, 무심이 따로 있는 것이 아니라 당처當處의 심心이 그대로 무심임을 요지了知한지라 무심이라고

함에도 머무름이 없다. 이렇게 이입理入하여 증證하여야 진실한 무심의 불경계佛境界가 된다. 오직 마음일 뿐이니 마음 밖에 다른 것이 없어 마음이라는 법도 인지되지 않는다. 즉 마음을 짝하지 않게 된다. 그래서 오직 마음일 뿐임이(唯心) 곧 무심임을 뜻한다.

❊

問, "何名無分別智?"
答, "現識不生, 覺觀不起, 是."

묻는다.
"무엇을 무분별지無分別智라고 합니까?"
답한다.
"현식現識이 생하지 않고, 각관覺觀이 생기지 않는 것, 바로 이것이다."

【해설】 여기서 말하는 현식現識은 현행의 분별망상이고, 각관覺觀은 관조 내지 관찰함이다. 각覺은 거친 관찰, 관觀은 각에 비해 미세한 관찰행이다. 각관은 수행 초기의 단계에서 행하는 것이지만 어느 정도 마음이 맑아지면서 저절로 이루어지는 행이기도 하다. 여기에 깊이 빠지거나 머물면 안 된다. 마음의 행상에서, 마음을 짝함에서 벗어나야 하는 까닭이다.

❊

問, "何名妄想?"
答, "想念心, 是."

묻는다.

"무엇을 망상妄想이라고 합니까?"

답한다.

"상념하는 마음, 바로 이것이다."

【해설】 상념想念하게 되면 당처에 즉하지 못하게 된다.

⁂

問, "云何息妄想?"

答, "知妄想不生, 無妄可息, 知心無心, 可息, 是也."

묻는다.

"어떻게 망상을 멸합니까?"

답한다.

"망상이 (본래) 생기지 않았고, 멸해야 할 망상이 없음을 알며, 심心이 그대로 무심無心임을 알면 멸할 수 있나니, 바로 이것이다."

【해설】 본래 생한 바 없는 망상을 없애고자 한다면 또 하나의 망상을 더하는 것이 되어버린다. 망념 그대로 공적空寂하고, 무심無心임을 요지了知하면 된다.

⁂

問, "何名如來藏?"

答, "覺知色塵是自心現想, 卽不生故, 卽是如來藏."

묻는다.
"무엇을 여래장如來藏이라 합니까?"
답한다.
"색진色塵이란 자심自心의 상념이 나타난 것임을 깨달아 알면, (色塵이) 불생不生인 것이며, 그래서 그대로가 바로 여래장如來藏이니라."

【해설】 일체의 물질현상(색진)은 내 마음이 나타난 것이다(自心所顯). 그래서 색色도 오직 마음일 뿐이라 언제 생한 바가 없다. 생한 바가 없이 있음이라 여여如如하여 여래如來라 한다. 그래서 일체법이 여여하고 여래인 성性을 지니기에 그대로가 여래장如來藏이다. '생한 바가 없이 있다'는 것은 유무有無의 분별이 닿지 않는다. 그래서 여여라 하고 여래라 한다.

❊

問, "世人修學 得道不?"
答, "修道實行不可成. 世人皆初時有心, 久後卽慢故. 曰實行者, 不可口說, 而得道也."
又云, "兵法不可擬敵, 馬劣不能代步."

묻는다.
"세인世人이 수학修學하여 득도得道할 수 있습니까?"

답한다.

"(世人은) 수학 실행實行하여 성취할 수 없다. 세인은 모두 처음에는 (修學의) 마음을 이어가나 오랜 후에는 오만해지는 까닭이다. 실행이라 하는 것은 말로 할 수 없는 것이되, 득도得道하는 길이다.

또 이르길, '병법에서는 적敵을 흉내 내지 말라' 하였고, '마馬가 형편없으면 걷는 것을 대신할 수 없다'고 하였다."

⁂

問云, "何無名想法?"

答, "心裏所求, 證無人我, 說卽假名言, 卽假相見. 聞知覺有何名想?"

묻는다.

"왜 명상名想의 법法이 없습니까?"

답한다.

"마음속으로 구하는 바는 인아(人我: 我相 또는 너와 내가 있다는 見)가 없음을 증득하는 것인데, 설한다면 명언名言을 빌려야 하고, 그렇게 하면 그것은 가상견假相見이다. 듣고 지각知覺함에 어떻게 명상名想이 있겠는가."

【해설】 명名은 곧 상想을 수반하고, 상想이 있으면 곧 명名을 수반한다. 그래서 함께 명상법名想法이라 하였다. 이 명상名想은 언어문자에 의지한 것으로 가상假相의 것이다. 그러나 듣고 지각知覺하는 등의 사(事: 현실)

는 본래 명상이 아니고, 명상으로 드러낼 수도 없다. 그래서 명상의 법을 버려야 한다.

❊

問, “作何行, 卽生無色界?”
答, “此人不知方法, 皆是息妄見, 心雖得靜, 久後還發. 經云, 當來比丘, 如犬逐塊, 人已擲塊, 見知塊從人起, 犬咬塊 不咬其人. 若也, 咬人塊 卽自息. 修(道)之人 若了心量, 久復如是.”

묻는다.
“어떠한 행을 하여야 무색계無色界에 생할 수 있습니까?”
답한다.
“이 사람들은 방법을 모르고, 모두 망견妄見을 지식止息하여 마음이 비록 고요함에 이르렀으나 오랜 후에는 다시 망견妄見이 생긴다. 경에서 말하길, 당래當來의 비구는 개가 뼈다귀를 쫓는 것과 같아서, 사람이 뼈다귀를 던져주면 그 뼈다귀가 사람에게서 온 것인 줄 알고, 개는 뼈다귀를 물지 그 사람을 물지 않는다고 하였다. 바로 그와 같아서 (개가) 사람이 던져준 뼈다귀를 물면 곧 저절로 잠잠해진다. 수도인修道人도 심량(心量: 일체법이란 自心이 나타난 바이고 그래서 無生임)을 깨달아 오래 되면 다시 이와 같이 된다(망견이 저절로 멸진됨).”

【해설】사람들이 방법을 모른다 함은, 앞의 답변에서도 말한 바와 같이 망견妄見이 본래 불생不生임을 깨달아 알고 수행해야 완전히 멸진滅盡되

는 것인데, 망견이 생겨서 있다고 생각하고 이를 멈추게 하고자 하기 때문이다. 망견이 있다 하고 닦는 것은 어느 정도 망견이 쉬어 고요함에 이르기는 하나 그 뿌리가 아직 잠재되어 있어서 결국 언젠가는 망견이 다시 생길 수밖에 없는 것이다. 망념이 본래 생함이 없음을 요지了知하여야 무명력無明力이 힘을 잃고 사라지게 되어 영원한 해탈이 이루어진다. 이와 같이 해탈은 선정의 행만 가지고는 안 된다. 지혜가 전제되어야 한다. 그래서 불교는 선오후수先悟後修의 길이다. 무색계無色界는 선정력禪定力으로 이르며 유지되는 차원이다. 그러나 그 선정력이 약해지면 언젠가는 다시 밑으로 떨어지게 되어 있다. 이렇게 선정의 힘을 키워 무색정無色定에 이르게 하는 방법은 잘못된 것이다. 여래의 법은 무명無明을 지혜의 빛으로 사라지게 하여 영원히 미혹에서 벗어나게 하는 것이다. 개에게 뼈다귀를 주어 잠잠하게 하듯이. 일체법은 자심自心이 나타난 바이고, 마음일 뿐이어서 무생無生임을 알게 하는 심량心量의 가르침으로 이끄니 망견이 저절로 멸해진다. 여기에서 '깨달아 오래 가면'이라 하였다. 심량의 가르침을 요시하였다 하더라도 온전히 시事에서 구현되는 데는 시간을 요한다. 남은 습기習氣의 여세餘勢가 있기 때문이다. 요지함에도 돈(頓: 단박에 됨)과 점(漸: 점차로 됨)이 있고, 시事에서도 마찬가지이나 등각等覺보살의 최후 일념을 제외하고는 모두 남은 습기習氣의 여세餘勢가 있다는 점에서 점漸이 있게 된다. 그러나 그 점漸에서도 지혜는 이미 돈법頓法이다.

⁂

問, "佛誓, 度衆生盡, 然後成佛. 衆生未度, 佛已成佛?"

答, "佛自有解. 譬如有客坐在闇室, 主人吹火, 意無(有가 옳을 것임)[17] 照客, 但火着時, 主人先照. 菩薩意度衆生, 然功德具是在前成佛."

묻는다.
"부처님께서 서원하시길, 중생들 모두 다 제도한 후에야 성불하겠다고 하셨습니다. 중생이 아직 제도되지 않았는데 부처님은 이미 성불하셨습니다."
답한다.
"부처님은 스스로 아신다. 비유컨대 어떤 객客이 실내에 앉아 있는데 주인이 등불을 켜는 것은 그 뜻이 객을 비추는 데 있으나 불을 붙였을 때 주인을 먼저 비추는 것과 같다. 보살의 뜻이 중생을 제도하는 데 있으나 공덕이 구족되어 먼저 성불한 것이다."

⁂

問, "衆生本法如何?"
答, "無佛, 無衆生, 不見人我想, 卽是本法. 觀行法爲有緣."

묻는다.
"중생 본래의 법은 어떠한 것입니까?"
답한다.
"무불無佛이며, 무중생無衆生이고, 인아상人我想을 불견不見함이 곧

17 전후의 내용으로 보아 '無'는 '有'이거나, 또는 없어야 할 것이다. 無字로 해석하면 뜻이 정반대가 되어 통하지 않게 된다.

중생 본래의 법이다. 관행觀行하는 법은 중생 각자의 연緣이 있다(그 緣에 따라 한다)."

【해설】 중생이란 본래 어떠한 것인가 하는 질문이다. 중생이란 본래 견見함이 없고, 지知함이 없으며 분별함이 없는 것이다. 중생이 견見하고, 지知하며, 분별함은 꿈속의 일과 같아 깨고 나면 그러한 일이 없어 중생 본래의 자리에 돌아온 것이다. 그래서 이러한 리理를 자심自心에서 깨달아 알았다면(了知) 관행觀行할 바도 없다. 즉 절관絶觀이 된다. 그러나 아직 개오開悟하지 못한 중생에게는 각자 인연 따라 적합한 방편의 관행을 통해 개오를 유도한다.

⁂

無名上士集

무명상사無名上士가 집集함.

『현종기 顯宗記』

하택신회 荷澤神會 著

● 해제

『현종기』는 육조혜능六祖慧能의 제자인 하택신회(荷澤神會: 684~758)의 여러 저작 가운데 하나이다. 『전당문全唐文』 권916과 『경덕전등록景德傳燈錄』 권30에 실려 전한다. 여기서는 전자를 저본으로 하였다. 한편 이 『현종기』는 돈황에서 1세기 전 발견된 『돈오무생반야송頓悟無生般若頌』과 내용이 거의 같다. 본래 같은 법문이 이종二種으로 필사되어 다른 이름으로 전승된 것으로 보인다.

여기서 말하는 선법禪法 또한 앞의 『심명』이나 『절관론』과 하등 다를 바가 없이 그대로 일치한다. 다만 본 『현종기』에서는 뒷부분에서 가사袈裟를 전하는 것으로서 심인心印을 전하는 징표로 삼는다는 소위 전의설傳衣說을 말하고 있는 것이 색다를 뿐이다. 이 전의설의 사실여부에 대해서는 종래 많은 논란이 있었고, 현재까지 이어지고 있다. 여기서는 이에 대한 시비是非를 놓아버려야 한다. 하택신회의 여러 법문들은 그야말로 달마선達摩禪의 진수를 가장 명료하게 드러낸 뛰어난 법문이다. 특히 이 『현종기』는 매우 짤막한 법문이지만 달마선에 직입直入할 수 있는 핵심 골자를 명쾌하게 개시開示하고 있다. 이를 통해 달마선을 명료하게 요지了知하는 것이 중요하다.

근래 하택신회에 대한 관심과 연구 및 그의 활동이 지니는 중대성이 부각된 것은 호적(胡適, 1891~1961)의 집중적인 연구에 의해서이다. 그는 파리와 런던에서 돈황에서 나온 신회의 몇 가지 어록을 발견하여 교감 연구한 후 1930년에 『신회화상유집神會和尙遺集』(上海, 亞東圖書館)을 출간하였다. 여기에 수록된 『하택대사신회전荷澤大師神會傳』에서 그는 주창하길, 후세의 선법禪法은 실제로는 하택신회로부터 온 것이고, 그는 남종의 선봉이요, 북종의 훼멸자毁滅者였으며, 새로운 선학禪學의 건립자, 『단경』의 작자였다 하고, 중국불교 역사상 이렇게 위대한 공훈을 이루고, 영구적인 영향을 끼친 사람은 어느 누구도 없다고 하였다. 또한 중국불교사상 가장 성공한 혁명자였고, 인도선의 훼멸자였으며, 중국선의 건립자였고, 가사袈裟 전법傳法의 위사僞史를 만든 자, 『육조단경』의 가장 이른 원료原料를 만든 자라고 하였다.

호적胡適의 이러한 견해는 돈황출토의 새로운 자료에 의거한 것으로 남종의 실체를 이해하는 데 상당한 공헌을 한 바 있으나 그의 견해가 모두 옳은 것은 아니다. 하택신회의 선법도 어디까지나 대승경론의 심의深義에 의한 것이고, 그 대승경론은 모두 인도에서 온 것이니 그 선법이 인도선과는 다른 중국선이라고 할 수 없다. 그가 인도선을 훼멸한 바도 없으며 무슨 새로운 선법을 주창한 것도 아니다. 그의 법문에서 말하는 선법은 실은 달마 이래의 선법과 다를 바가 없다. 단지 다른 점이 있다면 하택신회는 돈법頓法만을 말하였지만 여타의 조사들은 돈법과 함께 방편의 점법도 종종 설하였다는 정도이다. 그러나 그 점법도 곧 돈법으로 연결되고 상통되는 것이었다. 그러한 사실을 말해주는 중요한 법문이 본서에서 바로 이어 수록하는 『남천축보리달마선사관문南天竺菩提達摩禪師觀門』이다. 또한 새로운 선법이 신회로부터 나왔다는 견해도 잘못이다. 전술한 바와 같이 그의 선법은 그 윗대 선사들의 선법과 다를 바가 없는 까닭이다. 신회 자신이 그 스승 혜능의 선법을 크게 선전하였고, 혜능은 자신의 법은 윗대 스승들의 법을 따른 것이라고 하였다(『육조단경』).

한편 호적의 주장 가운데 타당한 내용도 많다. 신회는 북종을 점법漸法으로 매도하면서 혜능이 달마 이래의 돈법頓法을 그대로 계승한 정맥正脈이라고 선전하여 남북종南北宗을 분립하였다. 그래서 그는 남종의 선봉이 되고 북종을 훼멸하였다고 할 수 있다. 단지 이러한 행위는 하택신회의 재전再傳제자 또는 3~4대代 후의 제자들이 스승의 이름을 빌려 행한 것으로 보는 것이 필자의 입장이다. 또한 그가 『육조단경』의 편집과 첫 원료 공급에 큰 역할을 하였다는 것도 마찬가지로 그의 후대 제자들에 의한 것으로 보아야 한다. 물론 혜능의 법문 내용은 진실하고 소중하다. 그러나 현행하는 『육조단경』의 내용 가운데 앞에 고사(사건)를 서술한 부분은 제가諸家가 지적하고 있듯이 신회 이후에 날조하여 덧붙인 부분이 상당히 많다고 본다. 돈황본 『육조단경』은 여다의 본에 비해 덧붙여진 부분이 적긴 하지만 여기에도 덧붙여진 부분이 있다. 신회는 돈법을 선양하고자 하는 열의에 가득한 선사였지 그렇게 유치한 방법으로 사실을 왜곡할 분은 아니었다고 생각한다. 남북종을 가르게 되는 활대滑臺의 종론宗論도 다른 글에서 자세히 논술하고자 하지만 그 내용의 일부분은 사실성이 의심스러우며, 신회의 제자나 재전제자가 선전용으로 작성한 것으로 생각된다.

신회의 전기에 대한 주요 자료에는 당대唐代 종밀宗密의 『원각경대소초圓覺經大疏抄』 권삼지하卷三之下, 동同 『원각경약소초圓覺經略疏鈔』 권4, 오대五代 초경사招慶寺 정靜·균筠 이승二僧이 지은 『조당집祖堂集』 권3, 송대宋代 찬령贊寧의 『송고승전』 권8, 송대 도원道原의 『경덕전등록』 권5, 원대元代 담악曇噩이 편編한 『신수과분육학승전新修科分六學僧傳』 권4 및 문인門人 비구比丘 혜공慧空이 지은 『대당동도하택사몰고제칠조국사내덕용문보응사용수복건신탑명병서大唐東都荷澤寺歿故第七祖國師大德於龍門寶應寺龍首腹建身塔銘幷序』 등이 있다.

신회神會의 속성俗姓은 고高이고 양양(襄陽: 現 湖北 陽樊市)인이다. 그의 생년에 대한 기록들이 달라서 종래 여러 이견이 있었으나 1983년 낙양 용문 서북의 당대唐代 사찰 보승사寶應寺 유지에서 신회의 묘가 발견되고 거기에서 위의 『신회탑명神會塔銘』이 발견되었는데, 여기에 '향년享年 75세, 승랍僧臘 54하夏, 건원원년建元元年 오월십삼일五月十三日 형부荊府 개원사開元寺에서 문득 앉은 채로 입적하다'라 하고 있어 그의 생졸년은 684~758년이며, 75세 입적으로 확인되었다.

어려서부터 유가와 도가의 책을 섭렵하다가 『후한서』의 불교관련 기사를 읽고 흥취를 갖게 되어 벼슬길을 버리게 되었다. 양양 국창사國昌寺의 호원顥元법사 문하에 출가하였다. 양양의 남쪽 근방에 형주荊州 옥천사玉泉寺가 있었는데 이곳은 일찍이 천태지의天台智顗선사가 주석하였고, 당唐 의봉儀鳳연간(676~679)으로부터는 신수(神秀, ?~706)선사가 선법을 펴던 곳이다. 이곳에서 신회는 일찍이 신수神秀의 문하에 들어가 3년간 수법脩法한 바 있다. 이때 신수대사가 측천무후의 청으로 낙양에 가서 제사帝師가 되었고(700년 또는 701년), 신회는 남하南下하여 조계曹溪의 혜능慧能 문하로 옮겨갔다(17세 또는 18세시). 그 4~5년 후에 신회는 장안長安에 가서 구족계具足戒를 받고 경룡景隆연간(707~710)에 다시 조계로 돌아왔다. 선천先天 2년(713) 혜능이 입적하였을 때 그의 나이는 30세였다. 신회가 혜능과 함께 있던 기간은 대략 17세(700)~21세(704), 25세(708)~30세(713)가 된다. 이후 개원開元 8년(720)에 그는 황제의 명으로 남양(南陽: 현 하남성 남양시)의 용흥사龍興寺에 머무르게 되어 남양화상南陽和尚으로 칭해지게 되었다.

남양과 낙양에서 그는 많은 승려들과 조정의 관료 및 사대부들에게 널리 남종南宗 돈법頓法을 선전하였다. 특히 개원 20년(734)에는 활주滑州의 치소治所인 활대滑臺에서 북종 승려 숭원崇遠과 돈법頓法과 점법漸法을 논하여 달마 이래의 돈법종지頓法宗旨 승계承系의 정통성이 신수가 아니라 혜능에 있음을 천명함으로써 남종의 기치를 세웠다. 남북종의 분립은 실로 이로부터 나온 것이라 할 수 있다.

전술한 바와 같이 이 활대의 논쟁 대화록(『菩提達摩南宗定是非論』)을 자세히 살펴보면 논전 전개의 과정을 그대로 신빙하기 어려운 면들이 발견된다. 그러나 그 의론을 통하여 점법에 대비함으로써 돈법의 심의深義를 뚜렷이 설명해주고 있는 점은 매우 소중하다. 당대當代의 일류 문사文士 왕유(王維, 699~759)는 신회로부터 자주 가르침을 받고 교류하였다. 왕유가 지은 『육조능선사비명六祖能禪師碑銘』은 신회의 부탁에 의한 것이다.

천보天寶 4년(745)에 그는 송정宋鼎의 청에 응하여 낙양의 하택사荷澤寺에 주석하게 되어 하택신회荷澤神會 또는 하택대사荷澤大師로 칭해지게 되었다. 그는 천보연간에 낙양에 있는 동안 계속하여 남종이 정종正宗임을 주창하였다.

천보 12년 어사 노혁盧奕이 신수의 제자 보적普寂에 아부阿附하여 무리를 모아 난을 모의하였다는 혐의로 신회를 무고誣告하였다. 신회는 익양군(弋陽郡: 현 하남성 潢川)과 무당군(武當郡: 현 湖北省 均縣)에 유배되었다가 천보 13년(754)에 풀려나 양주襄州를 거쳐 황명으로 형주(현 호북성 강릉)의 개원사로 옮겼다(71세 때).

바로 나음 해인 천보 14년(755) 안사난安史亂이 발발하여 763년까지 이어졌다.

전란 기간 동안 조정은 군비 마련을 위해 관작官爵을 팔기도 하고 재화를 받고 승니僧尼와 도사道士의 출가를 인정해주는 조치를 취하였다. 또한 명망이 높던 신회를 초치하여 도승度僧 계단戒壇의 일을 맡게 하였는데, 그는 이때 재화 마련에 상당한 공을 쌓았다. 숙종肅宗은 그의 공을 포상하여 장작대장(將作大匠: 궁전 종묘 등 건설장관, 從三品)에 임명하였다.

그는 낙양이 수복된 후 2년째 되던 건원乾元 원년(758)에 형주 개원사荊州開元寺에서 75세로 입적하였다. 그의 유체는 낙양에 운구되어 영태永泰 원년(765) 용문 보응사寶應寺 탑묘에 안장되었다. 황제는 '진종대사眞宗大師'라 시호하였고, 탑호塔號는 '반야般若'라 하였다. 그의 제자에는 영탄靈坦·진평進平·지만志滿·무명無名·광부廣敷·신영神英·행각行覺·호옥皓玉·무행無行·혜공慧空·법린法璘 등이 있다.

신회의 저술 및 어록으로는 『남양화상돈교해탈선문직료성단어南陽和尙頓敎解脫禪門直了性壇語』·『보리달마남종정시비론菩提達摩南宗定

是非論』·『돈오무생반야송頓悟無生般若頌』·『현종기顯宗記』·『남양화상문답잡징의南陽和尙問答雜徵義』·『낙경하택신회대사어洛京荷澤神會大師語』·『오경전五更轉』·『오언율시五言律詩』 등이 있다.[1] 이 가운데 『현종기顯宗記』를 제외하고는 모두 1900년 돈황에서 새로 발견된 법문들이다. 호적胡適이 이들을 유럽, 중국, 일본 등 여러 지역에서 찾아 정리 교감하고 수록한 『신회화상유집神會和尙遺集』(1930)을 발표한 이래 이 방면에 여러 성과가 이어졌다. 그 가운데 근래에 중국의 양증문楊曾文씨가 교감 편집한 『신회화상선화록神會和尙禪話錄』(북경, 新華書店, 1996)을 이용하는 것이 좋다.

1 필자가 이들 자료를 모두 역주 해설하여 『하택신회선사어록: 돈황문헌 역주1』(도서출판 씨아이알, 2009)의 題名으로 출간하였다.

●본문 및 해설

無念爲宗, 無作爲本,

眞宗爲體, 妙有爲用.

夫眞如無念, 非想念而能知.

實相無生, 豈色心而能見.

무념無念을 종宗으로 하고,

무작(無作: 마음을 짓지 않음)을 본本으로 하며,

진종眞宗을 체體로 하고,

묘유妙有를 용用으로 한다.

무릇 진여眞如란 염念함이 없나니,

상념想念하지 아니하되 능히 지知한다.

실상實相이란 생함이 없는 것인데

어찌 색심色心으로 볼 수 있겠는가.

【해설】 무념無念이란 심성心性이 본래 염念함이 없다는 것이다. 『대승입능가경』 「게송품」에 "분별 떠났음이 진여眞如다"고 하였다. 분별 떠났음이 곧 무념이다. 당념當念 그대로 염(念: 분별) 떠나 있음이 곧 무념이다. 마음을 일으켜 염이 없게 하고자 함은 이미 염이 일어난 것이 되어

무념에 위배되는 행이 되어버린다. 그래서 무념無念은 곧 무작無作이 되어야 하기 때문에 무작을 본本으로 한다고 하였다. 무작이란 곧 억지로 마음을 짓지 않는 것이니 무작의(無作意: 마음을 억지로 짓지 않음의 뜻이다. 또는 無願無求)라고도 한다.

진종眞宗이란 곧 무념無念의 체이니 진여이다. 진여가 무념인지라 염念이 되는 것이니 염하는 그대로 무념이다. 그래서 여기에 묘유妙有의 뜻이 있고, 염은 그대로 무념인 진여의 용用이다.

진여는 염念함이 없는 까닭에 일체를 지知할 수 있다. 거울이 동요함이 없기에 일체를 비출 수 있는 것과 같다. 만약 거울이 분별하여 표면이 찌그러진다면 아무 것도 비추지 못한다. 마음이 일체를 비추고 아는 것은 심성心性이 본래 지知함도 없고 견見함도 없으며 분별(念)을 떠나 있기 때문이다. 그래서 지知를 떠나 지知한다고 하는 것이다.

실상實相은 곧 진여이다. 무상無相이고 공적空寂하며, 능(能: 인식주관)과 소(所: 인식대상)를 떠나 있어 무생無生이다. 즉 실상이란 언제 생하게 된 것이 아니다. 그렇다고 없는 것도 아니어서 생한 바 없이 있음이다. 언제 생한 것이 아니어서 볼 수 있는 대상이 아니다. 그래서 색심色心으로 볼 수 있는 것이 아니다. 색심이란 곧 중생심이다.

⁂

無念念者, 卽念眞如,

無生生者, 卽生實相.

無住而住, 常住涅槃,

無行而行, 卽超彼岸.

(본래 마음이) 염念함이 없음을 염(念: 知)함은
곧 진여眞如를 염함이요,
무생(無生: 무생의 진리)을 생함은(무생임을 깨달아 아는 것이)
곧 실상實相을 생함이다.
머무르는 바 없이 머무름이
열반에 상주常住함이요,
행함이 없이 행함은
바로 피안(彼岸: 열반)을 넘어서는 것이다.

【해설】 본래 마음은 염念함도 없고, 분별함도 없다. 이렇게 아는 것이 곧 진여眞如를 염함이다.

무생無生의 리理와 의義를 요지了知함이 곧 무생을 생生함이다. 그러한 무생의 진리를 무생법인無生法忍이라 하고, 무생법인이 곧 실상實相인지라 실상을 생함이라 하였다.

무주無住란 당념當念에서 그 염念에 끌리거나 향하거나 물들거나 영향받는 바 없음을 말한다. 머무르는 바 없이 머문다는 것은 그 염念 그대로 실상이고 보리(菩提, 覺)이며, 진여의 용用임을 아는지라 그 염을 공무空無로 버려버림도 없음을 말한다. 바로 이렇게 하는 것이 열반에 상주常住함이라 하였다.

행함 없이 행한다는 것은 마음을 일으켜 무엇을 하고자 하지 아니하고 행함이니 바로 무원무구無願無求의 행이다. 마음이 마음을 어떻게 할 수 없다. 마음이란 능能·소所를 떠나 있어 대상이 될 수 없는 까닭이다. 2승과 3승은 열반을 얻고자 함이 있고, 열반에 향함이 있으며, 열반을 얻음이 있고, 열반이 생함이 있으며, 열반을 잡고 있음이 있다. 그러나 무생無生의 진리를 요지(了知: 깨달아 알다, 뚜렷이 알다)하였기에 열반을 향한 행을 따로 일으킴이 없다. 당념 그대로 무생이어서 이미 언제 생한 바 없는 열반을 요지한 까닭이다. 그리고 언제 생한 바 없는 열반은 영원하다. 생한 바가 없는 까닭에 멸할 바도 없는 까닭이다. 그러나 2승과 3승의 열반은 새로 얻은 열반이라 언젠가는 사라지게 된다. 그래서 영원한 깨달음과 해탈이 되지 못한다. 그래서 본문에 피안(彼岸: 열반)을 넘어선다고 하였다.

⁜

如如不動, 動用無窮,
念念無求, 求本無念.
菩提無得, 淨五眼而了三身,
般若無知, 運六通而宏四智.

여여부동如如不動한 가운데
동용動用이 무궁하며,
염념念念에 무구無求한 가운데
본래 무념無念임을 구한다.
보리菩提란 얻을 바 없다는 것이로되
오안五眼을 청정히 하고, 삼신三身을 깨달으며,
반야般若란 (심성이) 지知함이 없다는 것이로되
육신통六神通을 운용하고, 사지四智를 두루 편다.

【해설】 항상 일체 경계에서 여여부동如如不動한 가운데 한량없는 동용動用이 이루어진다.

염념念念에 무원무구無願無求하되 본래 무념無念임을 뚜렷이 요지了知하고자 한다. 무원무구하는 행도 중요하지만 마음이 본래 염念함이 없음을 뚜렷이 요지하여야 무명無明의 뿌리까지 온전히 사라지게 된다. 그래서 본래 마음이 염함이 없음을 뚜렷이 요지하고자 해야 한다.

보리菩提란 곧 어떠한 것이든 얻을 바 없음을 깨달음이다. 그러나 오안(五眼: 육안, 천안, 법안, 혜안, 불안)이 청정해지고, 삼신(三身: 법신, 보신, 화신)을 깨닫는다는 얻음이 없지 아니하다. 얻을 바 없음을 깨달은 까닭에 진실한 성취가 얻어지는 것이다.

앞의 『심명』의 해설에서 설명한 바와 같이 '반야무지般若無知'란 심성心性이 본래 지知함이 없고 견見함이 없으며, 분별함이 없음을 요지了知함이 곧 반야라는 뜻이다. 심성이 본래 지知함 없음을 요지하고 있으면 여여부동한 가운데 육신통六神通이 구현되고 사지(四智: 成所作智, 妙觀察智, 平等性智, 大圓鏡智)를 두루 편다. 또한 보살 제8지 이상에서 얻어지는 사종자재四種自在가 있으니 다음과 같다. ① 무분별자재無分別自在: 제8지보살은 억지로 생각내지 않더라도 무슨 일이든지 할 수 있는 것, ② 찰토刹土자재: 제8지보살은 여러 세계에 마음대로 가서 나는 것, ③ 지자재智自在: 제9지보살은 온갖 것을 아는 지혜를 얻어 마음대로 교화하는 것, ④ 업자재業自在: 제10지보살은 번뇌와 악업에 얽매임이 없는 것이다.

⁂

是知, 卽定無定,

卽慧無慧, 卽行無行.

性等虛空, 體同法界,

六度自玆, 圓滿道品, 於是無虧.

이로 알건대,

정定에 즉하여 정이 없고,

혜慧에 즉하여 혜가 없으며,

행行에 즉하여 행이 없다.

심성心性은 허공과 같고,

체體는 법계와 같아서

육바라밀(六度)이 저절로 풍성하게 이루어지며,

도품(道品: 해탈도의 수행, 37助道行)이 원만해져서

이로부터는 퇴보하지 않는다.

【해설】 정定에 즉하여 정이 없다는 것은, 붙잡고 있는 정定이 아닌 까닭이며, 정定인 때 정 아닌 것이 없어서 정이라 할 것이 따로 없는 까닭이며, 번뇌가 그대로 보리임을 요지了知하고 있어 지혜와 선정이 둘이 아니게 된 까닭이다. 혜慧에 즉卽하여 보아도 마찬가지로, 지니고 관하는 혜가 있지 아니하다. 지니지 않는 무소유無所有의 혜慧인 까닭에 혜에서 혜를 얻을 수 없다. 행行이 없지 아니하되 무엇을 행한다 함이 없는 까닭에 행에서 행을 얻을 수 없다. 행한다 함을 지님이 없는 까닭이다.

심성心性은 여여如如하고 공적空寂함이 허공과 같고, 그 체가 원만하고 두루함이 법계와 같다. 이러한 심성에 그대로 계합하는지라 육바라밀이 저절로 풍성하게 이루어지고, 도품道品이 원만해져서 퇴보하지 않게 된다. 보살 제8지에서부터는 퇴보하지 않는 불퇴전지不退轉地이다.

⁂

是知, 我法體空, 有無雙泯

心本無作, 道常無念.

無念無思, 無求無得.

不彼不此, 不去不來.

이로 알건대,

아我와 법法의 체가 공空이며,

유有와 무無가 함께 끊어졌고,

심心은 본래 짓는 바가 없으며,

도道란 (마음이) 항상 염念하지 않는다는 데 있다.

(마음이란 본래) 염함이 없고, 생각함도 없으며,

구하는 바도 없고, 얻는 바도 없다.

저것이다 이것이다 분별함도 없고,

가는 바도 없으며 오는 바도 없다.

【해설】 마음은 본래 능能과 소所가 따로 없어 소유하는 바가 없다. 그래서 본래 아상我相을 지니지 못한다. 아상은 환幻일 뿐이어서 체가 없다. 법(法: 대상으로서의 모든 존재)도 마찬가지이다. 체體 없는 상相 그대로 공적空寂할 따름이다. 체 없는 상이니 유有라 할 수도 없고, 무無라고

할 수도 없다. 유와 무라는 개념으로 합치되지 않는다. 유라든가 무라고 하는 분별을 떠난 자리이다.

마음은 무상無相하고 공적하며, 본래 무생無生이고 무주無住인지라 무엇을 작作하는 바가 없다. 염念을 짓는 것은 망상이고 귀신 경계일 뿐이다. 도道란 어디에 있는가 하면 바로 본래 마음이 항상 염하지 않음을 요지了知함에 있다.

마음이란 본래 염念함이 없고 사유함도 없으며, 구함도 없고 얻는 바도 없다.

또한 저것이다 이것이다 분별함도 없으며, 이리저리 왔다 갔다 함도 없다. 단지 어디나 그대로 여여如如하고 일여一如한 한마음 자리일 뿐인 까닭이다.

⁂

體悟三明, 心通八戒,
功成十力, 富有七珍.
入不二門, 獲一乘理,
妙中之妙, 卽妙法身.

체오(體悟: 證悟, 身證)하여 삼명三明을 얻고,
심통心通하여 팔계八戒가 갖추어진다.
십력十力을 이루니
칠보七寶를 갖는 것보다 부유하다.
불이문不二門에 들어

일승一乘의 리理를 얻나니
묘중妙中의 묘妙이고,
바로 묘법신妙法身이다.

【해설】 체오體悟란 몸으로 증證함이니(身證) 증오證悟라고도 한다. 신증身證하면 삼명육통三明六通이 얻어진다. 육신통六神通에서 신神은 불가사의不可思議, 통通은 무애(無碍: 걸림 없이 자유자재함)의 뜻이다. 숙명통宿命通·천안통天眼通·천이통天耳通·타심통他心通·신족통神足通·누진통漏盡通을 말한다. 삼명三明은 이 가운데 숙명통과 천안통과 누진통을 말하는데, 육신통 전체를 지칭하는 것과 같다.

팔계(八戒: 八齋戒)는 재가자가 지녀야 할 계이다. 살생하지 말 것, 훔치지 말 것, 음행하지 말 것, 거짓말하지 말 것, 술 먹지 말 것, 몸에 꽃 장식이나 향을 바르거나 음주가무를 하지 말고 구경 가지도 말 것, 높고 넓으며 화려하게 꾸며진 평상에 앉지 말 것, 때 아닌 때에 먹지 말 것의 8항목이다. 심통心通하면 팔계가 자연히 원만하게 갖추어진다.

십력十力은 부처님에게만 있는 열 가지 심력心力을 말한다. 곧 처비처력處非處智力, 업이숙지력業異熟智力, 정려해탈등지등지지력靜慮解脫等持等至智力, 근상하지력根上下智力, 종종승해지력種種勝解智力, 편취행지력遍趣行智力, 숙주수념지력宿住隨念智力, 사생지력死生智力, 누진지력漏盡智力(『구사론』)이다. 또는 보살에게 있는 열 가지 지력智力을 말하기도 한다. 곧 심심력深心力, 증상심심력增上深心力, 방편력方便力, 지력智力, 원력願力, 행력行力, 승력乘力, 신변력神變力, 보리력菩提力, 전법륜력轉法輪力(『화엄경(80권본)』 권56)이다.

이러한 십력을 얻게 되는데 어찌 칠보七寶가 아무리 많더라도 이에 비교할 수 있겠는가.

불이不二란 곧 불일불이(不一不二: 不異)를 말한다. 생과 멸, 주관과 객관(대상), 번뇌와 열반 등 일체법이 불일불이不一不二이다. 유심唯心이고 일심一心이되, 그 유심과 일심도 따로 얻을 바 없는 까닭이다. 이 이법理法이 곧 일승一乘의 리理이며, 묘妙한 법 가운데 가장 묘한 법이고, 묘법신妙法身이다.

※

天中之天, 乃金剛慧,
湛然常寂, 應用無方.
用而常空, 空而常有,
用而不有, 卽是眞空.

천중天中의 천天이
바로 금강혜金剛慧이고,
그윽히어 항상 고요하되
어디에서나 응하여 용用한다.
(應하여) 용用하되 항상 공空하고,
공空하되 항상 유有하다.
(應하여) 용用하되 유有하지 아니함이
바로 진공眞空이다.

【해설】 천중天中의 천天이란 더 이상 위가 없는 가장 뛰어남을 말하니 바로 금강불괴의 지혜가 그러하다. 그 금강혜란 바로 앞에서 개시開示한 법문理法을 요지了知함이다.

심성心性은 항상 그윽하고 고요하되 어디에나 응하여 한량없는 불가사의不可思議의 세계를 드러낸다. 『유마경』 「관중생품觀衆生品」에 "머무르는 바 없고, 본本이 없는 데 따라 일체법을 세운다(從無住本, 立一切法)"고 하였다. 머무르지도 아니하고 본本도 없는 세계인지라 불가사의하고, 묘유妙有이다.

한량없는 불가사의의 세계를 드러내는 용用이 이루어지지만 그렇게 하는 주체가 어떠한 모습으로 어디에 따로 있지 아니하여 공空하다. 공이라 해서 아무 것도 없는 허무虛無가 아니니 응용應用함이 없지 않는 까닭이다. 그 응용이 항상하니 상유常有라고 하였다.

응용함이 항상하나 그렇게 하는 체體가 어떠한 모습으로 어느 자리에 따로 있는 것이 아닌지라 불유不有하니, 이와 같이 응용하되 불유함이 바로 진공眞空이다.

❊

空而不無, 便成妙有,

妙有卽摩訶般若, 眞空卽淸淨涅槃,

般若是涅槃之因, 涅槃是般若之果.

般若無見, 能見涅槃,

無生能生.

공空하되 없지 아니하니

곧 묘유妙有가 되고,

묘유는 곧 마하반야(대지혜)이며,

진공眞空은 곧 청정 열반이다.

반야(지혜)는 열반(적멸)의 인因이며,

열반은 반야의 과果이다.

반야란 견見함이 없되

능히 열반을 견함이며,

생生함이 없되 능히 생함이다.

【해설】 실체를 얻을 바 없어 비어 있되(空) 응용應用함이 항상하여 없지 아니한지라 묘유妙有이다.

이러한 뜻이 곧 묘유인 까닭에 묘유는 그대로 마하반야이다.

묘유가 곧 진공이다. 진공은 그 청정하며 적멸(寂滅: 涅槃)한 성품의 면을 가리킨 말이나.

반야(지혜)를 통하여 열반을 성취하는지라 반야는 열반의 인因이고, 열반은 반야의 과果이다.

반야般若란 심성心性이 견見함도 없고, 지知함도 없으며, 분별함이 없음을 요지了知함이다. 심성은 견見함이 없되 능히 열반을 견見한다. 이를 본각本覺이라고 한다. 또한 무엇을 생한다 함이 없이 능히 일체를 생하지 않음이 없으니 바로 여래如來이다. 오는 바 없이 오는지라 여래라 한다. 생함에 즉하여 생함을 얻을 수 없되 생함이 없지 아니하니 불이문不二門이다.

※

般若涅槃. 若名異體同, 隨義立名.

故云, 法無定相.

涅槃能生般若, 卽名眞佛法身,

般若能建涅槃, 故號如來之見.

반야와 열반은 이름은 다르나 체體는 같나니

뜻에 따라 이름을 세운 것이다.

까닭에 이르길,

'(모든) 존재는 결정된 상(相: 體性)이 없다'고 하였다.

열반은 능히 반야를 생하는지라

바로 진불眞佛·법신法身이라 하며,

반야는 능히 열반을 세우는지라

여래지견如來之見이라 한다.

【해설】 반야와 열반이 체體가 같다는 것은 동일한 일심(一心: 眞如, 法身)을 체로 하는 까닭이고, 반야가 그 지혜 공덕의 면을 지칭한 것이라면, 열반은 그 적멸의 뜻을 지칭함이다.

『금강경』에 "결정된 법이 없다(無有定法)"라 한 것은 곧 '모든 존재를 결정코 이것이라고만 단정하여 말할 수 없다'는 뜻이다. 하나의 법(존재)에 한량없는 면을 지니고 있기 때문이다. 결정된 상相이란 곧 체성體性을 말함이다. 결정의 상, 즉 체성이 없는 것이라 반야와 열반이라는 체도 따로 있는 것이 아니다.

적멸(열반)함에서 반야가 나오는 까닭에 진불眞佛·법신法身이라 하고, 반야로 인해 적멸(열반: 일체의 번뇌가 멸함)이 이루어지는지라 반야는 곧 여래지견如來之見이다.

※

知卽知心空寂, 見卽見性無生.
知見分明, 不一不異,
故能動寂常妙, 理事皆如如,
卽處處能通達, 卽理事無碍.

지知한다는 것은 곧 마음이 공적空寂함을 지知함이요,
견見한다는 것은 곧 심성心性이 생함이 없음을 견見함이다.
(이러한) 지知와 견見이 분명해져서
(일체법이) 불일불이不一不異함을 증證한다.
까닭에 능히 동動과 적寂에 한결같이 묘리妙理를 증證하고,
리理와 사事에 모두 여여如如하니
어디에나 즉卽하여 능히 통달하며,
리理와 사事에 즉하여 걸림이 없다.

【해설】 마음이 본래 공적空寂하고 무상無相하며, 지知함도 없고 견見함도 없으며, 생함도 없고 지니는 바도 없음(無所有)을 지知하는 것이 최상승의 선禪이며, 돈법頓法이고, 달마 이래의 정통선법이다.

수선修禪이란 이러한 지知와 견見을 명료明了하게 해나가는 것이다.

그리고 명료해짐에 익숙하면 그 뜻에 따라 마음을 잊는다(忘心). 마음을 잊으니 사事에 즉하게 되어 우주법계가 바로 한 몸이 된다. 그리하여 사사무애의 법계를 증한다.

그리하여 동動함에서나 고요함에서나 한결같이 묘리妙理의 경계를 증證한다. 또한 리理와 사事가 여일如一 평등하다.

어디에 있든, 어디에 있는 사事이든 그 사事를 따라 리理가 통달되지 않음이 없고, 리에서 사가 구현된다. 그래서 리理와 사事에 즉卽하여 걸림이 없다.

※

六根不染, 卽定慧之功,

六識不生, 卽如如之力.

心如境謝, 境滅心空,

心境雙亡, 體用不異.

육근六根이 (경계에) 염착되지 않는 것이

곧 정혜定慧의 힘이요,

육식六識이 생하지 않음은

곧 여여如如의 힘이다.

심心은 여여하여 경계를 떠났으니,

경계가 멸하여도 심心은 그대로 공적하다.

심心과 경계가 모두 사라짐에

체體와 용用이 다르지 아니하다.

【해설】 여섯 가지 감각기관(六根)이 경계에 휩쓸려 가지 않으려면 일체법이 무생無生이며 마음일 뿐이라는 지혜가 있어야 하고, 이 지혜가 힘을 가지려면 그러함을 요지了知함이 뚜렷하게 지속되어야 하는데 이것이 정定이다. 그래서 정혜定慧의 힘으로 경계에 물들지 않는다 하였다.

여기에서도 육근이 본래 텅 비어 고요하여 어디에 향하거나 물듦이 없음을 요지함이 우선되어야 한다. 어느 때 어느 자리에서나 단지 유심唯心과 무생無生의 심성心性임을 요지함에 여여(如如: 如一 평등)한 힘이 나와 능能과 소所를 떠난다. 능과 소가 있는 것이 식識이고, 능과 소가 따로 없음이 일심一心이다. 식이 생하지 않는다 함은 곧 능과 소를 떠났기 때문이다. 여여如如는 곧 능과 소를 떠나 있음이다.

심心이 본래 이와 같이 여여함에 경계를 떠나 있다. 그래서 경계가 생하든 멸하든 심은 항상 공적할 뿐이다.

이렇게 되어야 심心과 경계가 함께 사라져 체體인 심心과 그 용用인 경계가 다르지 아니하게 된다.

⁂

眞如性淨, 慧鑑無窮,

如水分千月, 能見聞覺知.

見聞覺知, 而常空寂.

空卽無相, 寂卽無生.

진여眞如의 성性은 청정하고,

지혜의 거울은 무궁함이

물속에 비친 천 개의 달과 같아
능히 견문각지見聞覺知한다.
견문각지하되
항상 공적空寂하다.
공空하니 무상無相이고,
적(寂: 고요)하니 무생無生이다.

【해설】『대승입능가경』「게송품」에 "분별을 떠남이 곧 진여다"고 하였다. 청정이란 분별 떠남을 말한다. 그래서 진여란 곧 청정이다. 그 청정함에서 한량없는 혜慧가 나오니 거울에 만상을 비추는 것과 같다. 그래서 저 하나의 달이 천千의 호수에 천의 달을 비추는 것과 같다고 하였다. 견문각지見聞覺知는 곧 거울이나 호수에 만상과 달이 비추듯 마음에 비추어지는 것이니, 마음이 견문각지함은 곧 심성心性의 용用이며 공덕상功德相이다. 견문각지가 공적空寂한 심성心性 그 자리임을 모르고 그 경계상에 분별하고 물들게 되면 그것들이 모두 망妄이 되는 것이나, 경계에 대하여 비출 뿐 흔들림도 없고 물듦도 없는 거울처럼 이 마음이 여여如如 부동不動하다면 그 견문각지는 마음의 묘용妙用이 되는 것이다.

마음이 견문각지하되 마음은 사실 항상 공적하여 흔들림이 없고 분별함도 없다.

마음이 공空한지라 상相이 없음이요, 무생無生하고, 흔들림 없어 고요하다(寂).

※

不被善惡所拘, 不被靜亂所攝,

不厭生死, 不樂涅槃.

無不能無, 有不能有,

行住坐臥 心不動搖.

선악에 구애받지 아니하고,

고요함과 산란함에 영향 받지 않으며,

생사를 꺼려하지 아니하고,

열반을 좋아하지 않는다.

무無가 무일 수 없고,

유有가 유일 수 없다.

행주좌와行住坐臥 어느 때나

마음이 동요되지 않는다.

【해설】 선악에 따라 취하고 버리는 행을 넘어서야 한다. 만약 취하고 버림이 있다면 이는 앞에서 말한 심성에 어긋난다. 심성은 본래 선악 등 일체의 분별을 떠나 있다. 수행자는 자칫 고요함에만 끌리고 염착되기 쉽다. 그러나 진정한 청정과 선정은 고요함과 산란함에 구애받지 않는 것이다. 산란함을 막기 위해 고요함만 지키고 있다면 이미 여기에 분별이 있고, 고요함의 상이 일어나 동함이 있으며, 고요함에 물듦이 있어서 그 고요함은 원만하지 못하고, 영원하지 못하다.

생사는 싫어하여 떠나려 하고, 열반은 좋아하여 향하려 함도 심성心性

에 어긋난다. 생사 그 자리가 그대로 열반임을 요지了知하여야 한다. 생사를 떠나 따로 열반의 자리가 있는 것이 아니다. 본래 심성은 생사生死에 물든 바가 없다. 그런데 어찌 생사를 벗어남(열반)이 있겠는가.

무無에서 무를 얻을 수 없다. 무에서 무를 얻는다면 이미 무가 아니다. 무無라는 유有가 있게 되기 때문이다. 무無에서 능能과 소所의 자리가 따로 없는데 어떻게 무일 수 있겠는가. 단지 유有에 상대되고 상대되어 있는 상(相: 개념)일 뿐이다. 즉 의타성(依他性: 다른 것에 의지하여 있게 되는 성질)의 것인지라 그 실성實性을 얻을 수 없다. 유를 떠나 무의 자리가 따로 있지 아니하고, 무를 떠나 유의 자리가 따로 있지 아니한다. 유에서 유를 얻을 수 없음도 마찬가지이다.

유와 무의 분별을 떠나게 되면 행주좌와 어느 때 어느 곳에서나 마음이 동요됨이 없다. 유와 무의 분별을 떠나면 일체의 분별을 떠남이 되는 까닭이다.

※

一切時中, 獲無所得.
三世諸佛 教旨如斯.
卽菩薩慈悲, 遞相傳受,
自世尊滅後, 西天二十八祖,
共傳無住之心, 同說如來之見. (『경덕전등록』과 『대정장』은 如來知見)

일체 어느 때나
얻을 바 없음을 증證하나니,

삼세제불의 가르침의 요지가 이와 같다.
보살의 자비로 여러 대에 걸쳐 전수되어 왔으니,
세존께서 멸도하신 이래로
서천(西天: 인도)에서 28조祖께서
모두 무주無住의 심心을 전하시고,
똑같이 여래지견如來之見을 설하심이로다.

【해설】 대승교의의 요의要義가 곧 일체법一切法을 얻을 수 없다는 것이다. 어느 때 어느 자리에서나 바로 얻을 바 없음을 요지了知하여 뚜렷이 증證함이 곧 삼세제불께서 가르치신 요지이다.

이 심지법문心地法門이 보살의 자비심으로, 세존께서 멸도하신 이래 지금까지 인도에서 28대 조사들께서 상전相傳하여 전해주셨다.

무주無住의 심心이란 심성이 본래 공적하여 지知함도 없으며, 견見함도 없고, 분별함도 없음을 요지한지라 언어도단(言語道斷: 말의 길이 끊어지고), 심행처멸心行處滅하여(마음 갈 길이 끊어져) 한 찰나도 머무름이 없게 됨이니 능能과 소所를 떠나 일심一心이며 각覺이 된다. 바로 이것이 여래지견如來之見이고, 모든 조사들께서 전하신 심지법문心地法門의 요체이다.

❊

至於達摩, 居此爲初,
遞代相承, 於今不絶.
所傳秘敎, 要藉得人,

如王髻珠 終不妄與.

달마대사께서
이 땅에 오시어 초조初祖가 되신 이래
대대로 상승하여
지금에 이르기까지 끊어지지 않았다.
전해져 온 비교秘敎를 전수받으려면
그 명적名藉에 들 수 있는 사람이어야 하나니
마치 법왕의 계주髻珠와 같아
종내 망령되이 (아무한테나) 전해줄 수 없는 것이다.

【해설】 서토西土 28조 달마대사께서 5세기 후기에 중국에 오시어 동토東土의 초조初祖가 된 이래 지금까지 그 전승이 끊이지 아니하고 이어져 왔다.

이 법을 비교秘敎라 함은 심지법문心地法門인 까닭이다. 단지 심지법문이라거나 이심전심以心傳心이라 하여 교敎를 멀리한다는 것은 아니다. 달마대사도 "교에 의지하여 종宗을 깨닫는다"를 강조하여 교선일치敎禪一致의 근본을 개시開示하였다. 대승교법의 심의深義가 자심自心에서 요지了知되면 심지법문心地法門이며, 선지禪旨가 된다. 달을 가리키는 손가락만 보고 달을 보지 못하는 까닭에 달마대사가 심지법문을 개시한 것이다. 그 명적名藉에 들 수 있는 사람에게만 전해줄 수 있다는 것은 이 심지법문을 듣고 이해하며 행할 수 있는 자에게만 전해줄 수 있다는 것이다. 올바로 받아들일 근기가 되지 못한 이들은 이 법을 곡해曲解하며 멋대로 설하고 흉내 내면서 자신이 최상승의 수행을 한다 하고 자신과 남을 크게 잘못되게 한다. 이심전심은 밀전密傳의 뜻도 있다.

※

福德智慧, 二種莊嚴,
行解相應, 方能建立.
衣爲法身, 法是衣宗,
唯指衣法相傳, 更無別法.

복덕과 지혜의
두 가지가 장엄되고,
행行과 해解가 상응하여야
비로소 건립될 수 있다.
의衣가 법신이 되며,
법法은 의衣의 종宗이니
오직 의衣와 법法이 상전相傳되는 것임을 가리킬 뿐,
그 밖에 다른 법이 없다.

【해설】 복덕과 지혜를 원만히 구족하신 분이 곧 부처님이다. 그래서 복덕과 지혜를 함께 갖추어 가야 한다.

아울러 행行을 통해서 복덕이 성취되고, 해解를 통해서 지혜가 이루어진다. 그래서 행해行解와 복덕, 지혜를 통해서 여래如來가 성취된다.

의衣는 곧 부처님이 전법傳法의 뜻과 전법을 신빙하는 증거로 가섭에게

전하고, 이어 당시까지 전해져 왔다는 가사袈裟를 말한다. 본 글의 저자 신회神會는 이 가사가 혜능慧能에게 전해졌다고 하여 혜능의 정통성正統性을 크게 주창하였다. 그리하여 여기에서는 이 가사가 곧 법신法身이 된다고 하여 그 의미를 더욱 강조하고 있다. 바로 여래의 궁극의 가르침인 심지법문心地法門을 증득함이 이 의衣에 의해 증거되는 것이라 이 의衣에 법신의 뜻이 있고, 그 의衣의 종(宗: 근본)은 법法이라는 것이다. 이 신회의 전의설傳衣說은 1세기 전 돈황에서 발견된 『보리달마남종정시비론菩提達磨南宗定是非論』에[2] 약간 자세한 내용이 언급되고 있으나 고래로 그 사실 여부에 관해 많은 논란을 야기하여 왔고, 아직도 명확히 규명되지 못하고 있다.

❊

內傳心印, 印契本心,
外傳袈裟, 將表宗旨.
非衣不傳於法, 非法不受於衣,
衣是法身之衣. 法是無生之法.

안으로 심인心印을 전하여
본심本心에 인계(印契: 契合)하고,
밖으로는 가사袈裟를 전하여
이로써 종지宗旨를 드러낸다.
이 의衣가 없이는 법을 전하지 아니하고,

---

2 앞에 든 박건주 역주, 『하택신회선사어록: 돈황문헌역주1』에 실려 있다.

법을 얻지 못하였으면 의衣를 받지 못한다.
의衣는 법신의 의衣이며,
법法은 무생無生의 법이다.

【해설】 안으로 심인心印을 전한다는 것은 자심自心에서 심성心性이 무생無生이라는 법인法印이 명증明證된 자리를 개시오입開示悟入케 하여 전함을 말한다. 본심本心은 곧 자심自心의 심성이다. 자심의 심성이 일체의 분별을 떠나 여여如如함에 계합(합치)케 함이 곧 안으로 심인心印을 전함이다.

밖으로는 가사를 전하여 그 종지宗旨를 증득하였음을 표시한다고 하였다. 가사를 전함이 없이는 법을 전함이 없고, 법을 아직 얻지 못하였다면 가사를 받지 못한다는 전의설傳衣說도 앞에 말한 바와 같다.

법이 무생無生의 법이라 함은 이미 앞에서 자세히 설명하였다.

❊

無生卽無虛妄,
乃是空寂之心,
知空寂, 而了法身,
了法身, 而眞解脫.

무생無生인 것이어야 곧 허망하지 아니한 것이며,
바로 이것이 공적空寂한 심心이다.
(마음이 본래) 공적한 것임을 지知하여야
법신을 깨닫는 것이고,

법신을 깨달아야

진해탈眞解脫이다.

【해설】 생한 것이라면 이미 허망한 것이다. 능能과 소所가 따로 없는데 무엇이 생하여 있다면 이미 상相이고 환幻이다. 일심一心이고 유심唯心이어서 무생無生이다. 심心은 공적空寂하여 언제 생한 바가 없다. 생한 바가 없이 있음이라 멸함도 없고, 변함도 없으며, 허망하지도 아니하다.

마음이 본래 이와 같이 공적한 것임을 아는 것은 곧 법신을 아는 것이다. 이렇게 법신을 아는 것이 곧 진해탈眞解脫이다. 왜냐하면 바로 이 자심自心에서 그 심성心性을 요달了達한 것이기 때문이다. 밖의 부처보다 자심의 부처(自性佛)가 근본이며 으뜸이고, 가장 중요한 까닭이다. 또한 자심이 본래 그러함을 요지了知한 것인지라 선정의 힘으로 유지되는 경계와는 달리 퇴보함이 없어 영원하여 진해탈이다.

『무심론無心論』

보리달마菩提達摩 著

●해제

『무심론無心論』은 대체로 남종선의 강요서綱要書로 이해되고 있다. 돈황출토의 선종법문 가운데 하나로 저자著者 석보리달마釋菩提達摩의 이름으로 신회神會의 『돈오무생반야송頓悟無生般若頌』(앞에 소개 해설한 『현종기』의 異本임. 1세기 전 돈황출토)에[1] 바로 이어 필사筆寫된 본(S5619본)이 유일하게 전한다. 1927년에 『대정장』 권85에 수록되었다. 필사본 영인은 『돈황선종문헌집성(上)』에 수록되어 있다. 본서에서는 『대정장』 권85에 수록된 것을 저본으로 하되 의심스러운 부분은 앞의 필사본 원문을 대조하였다.

무심無心은 선종 선지禪旨의 핵심 요의要義이다. 당념當念 그대로 무심임을 매우 명료하게 설하고 있다.

---

1 앞에 든 박건주 역주, 『하택신회선사어록: 돈황문헌역주1』에 실려 있다.

●본문 및 해설

夫至理無言, 要假言而顯理.
大道無相, 爲接麤而見形.
今且假立二人, 共談無心之論矣.

무릇 지극한 이법理法은 말을 떠났으니,
말을 빌려서야 그 이법을 드러낼 수 있다.
대도大道는 무상無相이라,
거친 것을 접해서야 모습이 드러난다.
이제 두 사람을 임시로 세워
함께 무심無心에 대한 담론을 하겠다.

※

弟子問和尙曰, "有心無心."
答曰, "無心"
問曰, "旣云無心, 誰能見聞覺知, 誰知無心."
答曰, "還是無心, 旣見聞覺知, 還是無心, 能知無心."

제자가 화상께 묻는다.

"마음이 있는 것입니까, 없는 것입니까?"

답한다.

"무심無心이다."

묻는다.

"이미 마음이 없다 하셨는데, (그렇다면) 누가 능히 보고 듣고 생각하고(知覺하고) 아는 것이며, 누가 마음이 없다고 아는 것입니까?"

답한다.

"도리어 마음이 없으니, 보고 듣고 생각하고 아는 것이며, 도리어 마음이 없으니, 능히 마음이 없음을 안다."

【해설】 이에 대해서는 앞의 여러 해설에서 이미 설명하였다.
본래 무심한 것이 마음이다. 거울이 경계에 무심하여 흔들림 없는 까닭에 만상을 비추듯 마음에 일체 경계가 현현함은 마음이 본래 무심하여 흔들림 없고, 일어남 없는 까닭이다. 보고 듣고 생각하는 당념·당처에서 이러한 심성을 명료하게 알아야(了知) 한다. 이러한 심성이 당념·당처를 떠나 다른 곳에 있겠는가. 보고 듣고 생각하는 자리에 마음은 보고 듣고 생각한다 함이 없다. 물이 흐르되 물은 흐른다 함이 없이 흐른다. 물은 물이되 물이 물이라 함이 없다. 당념·당처는 대상이 될 수 없기에 무엇이 있다 할 바 없다(無所有). 무소유인 당념·당처 그대로 무심인 가운데 보고 듣고 생각한다. 항상 텅 비어 고요해서(空寂) 무심인지라 만상이 드러나고, 보고 듣고 생각하는 용用도 펼쳐진다.

※

問曰, "旣若無心, 卽合無有見聞覺知, 云何得有見聞覺知."
答曰, "我雖無心, 能見 能聞 能覺 能知."

묻는다.
"이미 마음이 없다고 한다면 곧 보고 듣고 생각하고 아는 것이 없어야 합당할 텐데, 어찌 보고 듣고 생각하고 아는 것이 있을 수 있겠습니까?"
답한다.
"내가 비록 마음이 없다 하였으나, 능히 보고, 능히 들으며, 능히 생각하고, 능히 아느니라."

※

問曰, "旣能見聞覺知, 卽是有心, 那得稱無."
答曰, "只是見聞覺知, 卽是無心. 何處更離見聞覺知, 別有無心. 我今恐汝不解, 一一爲汝解說, 令汝得悟眞理. 假如見終日, 見由爲無見, 見亦無心. 聞終日, 聞由爲無聞, 聞亦無心. 覺終日,覺由爲無覺, 覺亦無心. 知終日, 知由爲無知, 知亦無心. 終日造作, 作亦無作, 作亦無心. 故云 見聞覺知, 總是無心."

묻는다.
"이미 능히 보고, 듣고, 생각하며 안다면 곧 마음이 있다는 것이 되는데 어떻게 없다고 할 수 있습니까?"
답한다.

"단지 보고 듣고 생각하며 아는 것일 뿐, 그대로 무심無心이다. 보고 듣고 생각하며 아는 것을 떠나 어디에 다시 따로 무심이 있겠는가. 네가 이해하지 못할까 염려하여 내가 이제 하나하나 너에게 해설하여 네가 진리를 깨달을 수 있도록 하겠다. 가령 종일토록 볼지라도 보는 것이 보지 않음에 연유緣由하니, 보는 것 또한 무심이다. 종일토록 듣더라도 듣는 것이 듣지 않음에 연유하니, 듣는 것 또한 무심이다. 종일토록 생각하더라도 생각함이 생각하지 않음에 연유하니, 생각함 또한 무심이다. 종일토록 알아도 아는 것이 알지 못함에 연유하니, 앎 또한 무심이다. 종일토록 조작하더라도 작作 또한 무작無作이며, 작作 또한 무심이다. 까닭에 보고, 듣고, 생각하며, 아는 것 모두가 무심이라 하는 것이다."

【해설】 모든 현상(존재, 법)은 상대(相對, 相待)하여 나온다. 『능가경』의 108구句 상대相對의 법상은 그 뜻을 보인 것이다. 벽에 노란 점이 보이는 것은 그 바탕은 노란 색이 아닌 까닭이다.

보고 듣고 생각하는 당처當處가 그대로 무심無心이다. 마음이 본래 무심인 까닭에 보기도 하고, 화도 내고, 걱정도 한다. 거울이 본래 공적空寂하여 무심하고 흔들림 없는 까닭에 더러운 것이든 깨끗한 것이든 평등하게 비추는 것과 같다. 마음이 본래 무심하지 아니하여 흔들리는 것이라면 흔들리는 거울 표면이 비추지 못하듯이 아무 것도 드러내지 못할 것이다. 그러나 마음은 싫어하는 것도 드러낸다. 마음이 본래 견見하지 않고 있는 까닭에 여러 사물을 볼 수 있다. 생각하는 것도 마찬가지로 마음은 본래 무엇을 생각하지 않고 있는 까닭에 모든 생각이 드러난다. 그래서 생각하는 것 그대로 실은 무심일 뿐이다. 무심의 자리가 당념當念을 떠나 어디에 따로 있는 것이 아니다. 당념에서 무심임을 요지了知하면 바로 최상승법이며 달마선이고 돈법이 된다. 당념에 즉하면 조작造作을 하든 무엇을 하든 무심이라 작作하는 바가 없다.

※

問曰, "若[2]爲能得知是無心."

答曰, "汝但子細推求看, 心作何相貌, 其心復可得, 是心不是心, 爲復在內, 爲復在外, 爲復在 中間. 如是三處推求覓心 了不可得, 乃至於一切處求覓 亦不可得. 當知 卽是無心."

묻는다.

"어떻게 능히 무심無心임을 알 수 있습니까?"

답한다.

"너는 단지 자세히 추구하며 살펴보아라. 마음이 어떠한 모습인가, 그 마음을 다시 얻을 수 있는가, 이것이 마음인가, 마음이 아닌가, 다시 안에 있는가, 반대로 밖에 있는가, 아니면 중간에 있는가. 이와 같이 세 곳에서 마음을 찾아보나 얻을 수 없으니, 내지 일체처에서 찾아보더라도 역시 얻을 수 없다. 그래서 당연히 그대로 무심임을 알 수 있는 것이다."

---

2 文意上 이 '若'은 誤字이고, '何'가 正字일 것이다.

※

問曰, "和尚旣云一切處 總是無心, 卽合無有罪福, 何故衆生輪廻六趣生死不斷."

答曰, "衆生迷妄, 於無心中而妄生心, 造種種業, 妄執爲有, 足可致使輪廻六趣生死不斷. 譬有 人於暗中見杌爲鬼, 見繩爲蛇, 便生恐怖. 衆生妄執 亦復如是, 於無心中妄執有心 造種 種業, 而實無不輪廻六趣. 如是衆生 若遇大善知識敎令坐禪, 覺悟無心, 一切業障盡皆銷 滅, 生死卽斷. 譬如暗中日光一照而暗皆盡, 若悟無心, 一切罪滅亦復如是."

묻는다.

"화상께서는 이미 일체처 모두가 무심無心이라 하셨으니 곧 죄와 복도 없다는 것이 될 텐데 무슨 까닭에 중생이 육취六趣에 끊임없이 생사 윤회하는 것입니까?"

답한다.

"중생은 미망迷妄으로 (본래) 무심無心인데 (이를 모르고) 망령되게 마음을 내어 갖가지 업을 짓고, 망령되게 집착하여 있다 함에 족히 육취六趣에 끊임없이 생사 윤회하게 하는 것이다. 비유컨대 어떤 사람이 어둠 속에서 나무 그루터기를 귀신으로 보거나, 새끼줄을 뱀으로 보고는 곧 공포심을 내는 것과 같다. 중생의 망집妄執도 역시 이와 같아 무심인데 마음이 있다고 망집하여 갖가지 업을 짓고 실로 육취에 윤회하지 않음이 없는 것이다. 이러한 중생이 만약 대선지식의 좌선 지도를 받게 되어 무심을 깨달으면, 일체의 업장이 모두 다 소멸하고,

생사가 곧바로 끊어질 것이다. 비유컨대 어둠 속에 햇빛이 한 번 비추이면 어두움이 모두 사라지는 것과 같이, 만약 무심임을 깨달으면 일체의 죄가 멸함도 또한 이와 같은 것이다."

※

問曰, "弟子愚昧心猶未了審.【一切處六根所用者 應答曰, 於種種施爲,】[3] 煩惱菩提生死涅槃 定無心否."

答曰, "定是無心. 只爲衆生妄執有心, 卽有一切煩惱生死菩提涅槃. 若覺無心, 卽無一切煩惱生死涅槃. 是故如來爲有心者, 說有生死. 菩提對煩惱得名, 涅槃者對生死得名, 此皆對治之法. 若無心可得, 卽煩惱菩提亦不可得, 乃至生死涅槃亦不可得."

묻는다.

"제자가 우매하여 아직 이해하지 못하겠습니다. 번뇌와 보리, 생사와 열반이 결정코 무심無心이란 것입니까?"

답한다.

"결정코 무심이다. 단지 중생이 마음이 있다고 망집妄執하니 일체의 번뇌와 생사, 보리, 열반이 있게 된 것이다. 만약 무심임을 깨달으면 곧 일체의 번뇌, 생사, 열반이 없다. 이 까닭에 여래가 마음이 있는 자들에게 생사가 있다고 설하며, 보리는 번뇌에 상대相對하여 이름 붙여진 것이고, 열반은 생사에 상대하여 이름 붙여진 것인데, 이것들은

3 이 【 】 내의 구절은 탈자가 있어 명확한 뜻을 알기 어렵다. 『돈황선종문헌집성(上)』에 실린 글도 마찬가지이다. 여기서는 이 부분을 생략하고 나머지 부분만 번역한다.

모두 (마음이 있는 자들을) 대치對治하는 법인 것이다. 만약 마음을 얻을 수 없다면 곧 번뇌와 보리도 또한 얻을 수 없는 것이며, 내지 생사와 열반 또한 얻을 수 없는 것이다."

⁂

問曰, "菩提涅槃旣不可得, 過去諸佛皆得菩提, 此謂可乎."
答曰, "但以世諦文字之言得, 於眞諦實無可得. 故維摩經云, '菩提者不可以身得, 不可以心 得.' 又金剛經云, '無有少法可得.' 諸佛如來但以不可得而得. 當知, 有心卽一切有, 無心(卽)一切無."

묻는다.
"보리와 열반을 이미 얻을 수 없다면, 과거 제불諸佛께서 모두 보리를 얻었다는 것은 가능한 일입니까?"
답한다.
"단지 세속세(世俗諦: 세속분별 차원의 진리)의 문지로 말히여 얻었다고 하는 것이지만 진제(眞諦: 세속분별을 떠난 차원의 진리)에서는 사실 얻은 바가 없는 것이다. 까닭에 『유마경』에서 말하길, '보리菩提란 몸으로 얻을 수 있는 것도 아니고 ,마음으로 얻을 수 있는 것도 아니다.' 하였고, 또 『금강경』에서는 '어떤 조그마한 법도 얻을 바가 없다' 한 것이다. 제불여래諸佛如來께서는 단지 얻을 바 없이 얻는다. 마땅히 알라! 마음이 있으면 일체가 있고, 마음이 없으면 일체가 없는 것이다."

※

問曰, "和尙旣云於一切處盡皆無心, 木石亦無心, 旣不同於木石乎."
答曰, "而我無心心不同木石. 何以故, 譬如天鼓, 雖復無心, 自然出種種妙法 敎化衆生. 又如如意珠, 雖復無心, 自然能作種種變現. 而我無心 亦復如是, 雖復無心, 善能覺了諸法實相,具眞般若三身自在應用無妨. 故寶積經云, 以無心意而現行. 旣同木石乎. 夫無心者卽眞心也. 眞心者卽無心也."

묻는다.
"화상께서는 이미 일체처가 모두 다 무심無心이라 하셨고, 목석木石도 또한 무심이니 (마음이) 어찌 목석과 다르겠습니까?"
답한다.
"그런데 내가 무심이라 한 심心은 목석과는 다르다. 왜냐하면 비유컨대 하늘의 북(天鼓)이 비록 또한 무심이나 자연히 갖가지 묘법을 내어 중생을 교화함과 같다. 또한 여의주如意珠가 비록 또한 무심이나 자연히 능히 갖가지 변화된 모습을 짓는 것과 같다. 그런데 내가 무심이라 한 것도 또한 이와 같아 비록 또한 무심이나 능히 제법의 실상實相을 잘 깨닫고, 진실한 반야와 삼신三身을 갖추어 응용應用함에 걸림 없다. 까닭에 『보적경寶積經』에 이르길 '무심의 의意로써 현행現行한다' 하였으니, 어찌 목석木石과 같겠는가. 무릇 무심이란 곧 진심眞心이다. 진심이란 곧 무심이다."

※

問曰, "今於心中作 若爲修行."

答曰, "俱於一切事上覺了無心卽是修行, 更不別有修行. 故知, 無心卽一切, 寂滅卽無心也."

묻는다.

"지금 마음에서 어떻게 해야 수행이 되는 것입니까?"

답한다.

"일체의 사상事上에서 무심無心을 깨달음이 곧 수행이지 이 외에 따로 수행이 있는 것이 아니다. 까닭에 알라. 무심이 곧 일체이고, 적멸이 곧 무심이다."

※

弟子於是忽然大悟, 始知心外無物 物外無心. 擧止動用 皆得自在, 斷諸疑網 吏無罣碍. 卽起作禮, 而銘無心, 乃爲頌曰,

心神向寂 無色無形
覩之不見 廳之無聲
似暗非暗 如明不明
捨之不滅 取之無生

제자가 이에 홀연히 대오大悟하여, 비로소 마음 밖에 따로 사물이 있는 것이 아니며, 사물을 떠나 따로 마음이 있는 것이 아님을 알았다. 마음을 내었다 멈추었다 이리저리 움직여 씀에 언제나 모두 (자유)자재하고, 모든 의혹의 그물을 끊어 다시는 걸림 없게 되었다. 곧바로 자리에서 일어나 예를 올리고, 무심無心임을 마음에 새기며 이에 게송으로 말하였다.

심신心神은 항상 적멸하니
색도 없고 형상도 없어
보아도 보지 못하고,
들어도 소리가 없네.
어두운 듯하나 어두운 것이 아니고,
밝은 것인 듯하나 밝은 것이 아니며
이를 버려도 멸하지 아니하고,
이를 취하여도 생함이 없네.

※

大卽廓周法界，　小卽毛竭不停
煩惱混之【不】濁[4]　涅槃澄之不清
眞如本無分別，　能辯有情無情
取之，一切不立，散之，普遍含靈
妙神非知所測　正覓絶於修行
滅則不見其懷(壞)[5]　生則不見其成

---

4 원문에는 '不'字가 빠져 있으나, 의미상 '不'字가 들어가지 않으면 안 된다. 또한 각 句의 字數로 보아도 한 글자가 빠진 것이 분명하다.

5 원문은 '懷'이나 뜻이 통하지 아니하고, 전후 내용과 뒤 句의 '成'에 대칭하는 글자라는

大(道)寂號無相　萬像窈號無名

如斯運用自在　總是無心之精

크다 하면 바로 법계를 두루 감싸 안고,
작다 하면 터럭이 닳아지도록 (집착하길) 멈추지 않으며,
번뇌가 이를 혼탁하게 하여도 혼탁 됨이 없고,
열반이 이를 맑게 하여도 맑게 됨이 없다.

진여란 본래 분별함 없이
능히 유정有情과 무정無情 중생에게 가르침 펴며
이를 취하면(眞如門) 일체가 불립(不立: 不存立, 不有)하고,
이를 퍼지게 하면(생멸문) 일체중생(含靈)에게 두루 퍼지네.

신묘한 심신心神은 짐작으로 알 수 있는 바가 아니며,
올바로 봄은 수행을 끊는 데 있네.[6]

대도大道는 적멸이라 이를 무상無相이라 하고,
만상萬像은 깊고 아득하여(深玄) 무명無名이라 하며,

점에서 '壞'가 되어야 할 것이다.

6 당념·당처 그대로 무심이니 여기에서 무슨 수행을 한다고 마음을 어떻게 하려 하면 당념·당처의 본래 무심인 자리를 떠나 다른 세계를 구하여 마음이 붕 뜨게 되어버린다. 본래 無心이니 따로 무엇을 얻고 이루고자 마음을 어떻게 한다는 것은 無心의 도리에 어긋나는 것이다. 그래서 無修之修가 되어야 한다.

이와 같이 운용運用 자재自在함이
모두 무심無心의 정수精髓이네.

❊

和尙又告曰, 諸般若中以無心般若以爲最上. 故維摩經云, 以無心意無受行, 而悉摧伏外道. 又 法鼓經, 若知無心可得, 法卽不可得, 罪福亦不可得, 生死涅槃亦不可得, 乃至一切盡不可得, 不可得亦不可得.

화상께서 또 말씀하셨다. "모든 반야 가운데서 무심無心반야가 최상이다. 까닭에 『유마경』에서 설하길 '무심無心의 의意로써, 감수感受되지 않는 행으로써 외도를 모두 굴복시킨다'라 하였고, 또 『법고경法鼓經』에서 '만약 마음이란 얻을 바 없는 것임을 안다면 법도 얻을 바 없으며, 죄와 복 또한 얻을 바 없고, 생사와 열반 또한 얻을 바 없으며, 내지 일체 모두를 얻을 바 없고, 얻을 바 없음 또한 얻을 바 없다'고 하였다."

❊

乃爲頌曰
昔日迷時爲有心 爾時悟罷了無心
雖復無心能照用 照用常寂卽如如
重曰
無心無照亦無用 無照無用卽無爲
此是如來眞法界 不同菩薩爲辟支
言無心者 卽無妄想心也.

이어 게송으로 말씀하셨다.

예전에 미혹한 때에는 마음이 있었으나
지금 깨닫고 나니 무심無心이네.
비록 무심이나 또한 능히 비추는 공용功用 있고,
비추는 공용 항상 적정寂靜하여 그대로 여여如如하도다.

다시 게송으로 말씀하셨다.

무심이고 비춤도 없으며, 또한 공용功用도 없나니
비춤 없고, 공용 없는 것이 그대로 무위無爲라네.
이것이 여래의 진법계眞法界이고,
보살이나 벽지불과는 다르네.

무심이란 곧 망상심妄想心이 없는 것이니라.

⁂

又問. "何名爲太上."
答曰. "太者大也. 上者高也. 窮高之妙理故云太上也. 又太者通泰之位也. 三界之天雖有延 康之壽福 盡, 是故終輪廻六趣. 未足爲太. 十住菩薩雖出離生死, 而妙理未極, 亦未爲太. 十住修心妄有入無. 又無其無有雙遣不妄中道. 亦未爲太. 又妄中道三處都盡, 位皆妙覺. 菩薩雖遣三處, 不能無其所妙, 亦未爲太. 又忘其妙則佛道至極則無所存. 無存思則無思 慮, 兼妄心智永息, 覺照俱盡, 寂然無爲, 此名爲太也. 太是理極之義, 上是無等色(無等等也).[7] 故云太上, 卽之佛如來之別名也."

또 묻는다.

"왜 태상太上이라 합니까?"

답한다.

"태太란 크다는 뜻이다. 상上이란 높다는 뜻이다. 높은 묘리妙理를 완전히 통달한 까닭에 태상太上이라 한다. 또 태太란 크나큰 위位를 통틀어 말한 것이다. 삼계三界의 천天이 비록 연강延康의 수복壽福을 누리나 다함이 있고, 이 때문에 마침내 육취(六趣, 六道)에 윤회하기에 태太라 하기에 부족하다. 십주十住보살은 비록 생사를 떠났으나, 묘리를 통달함이 아직 지극하지 못함에 역시 태太가 되지 못한다. 십주보살은 수심修心하되 마음을 망령되이 있다 하고, 무심無心에 들고자 하며, 또한 저 무無와 유有를 모두 버린 망妄이 없는 진실한 중도中道가 되지 못하니, 역시 아직 태太가 아니다. 또한 망妄인 유와 무 그리고 중도의 삼처三處가 모두 다 적멸하여야 묘각妙覺의 위位가 되는 것이다. 보살은 이 삼처를 비록 버렸으나 묘妙한 바에 능하지 못하거나(上位의 보살) 묘妙하지 못하니(下位의 보살) 역시 아직 태太라 하지 못한다. 또한 그 묘妙도 잊어버리면 이것이 곧 불도佛道의 지극至極이며, 사량분별을 넘어선 자리이다. 사량분별이 없게 되면 사려思慮가 없게 되고,

7 『대정장』의 原文은 '無等色'인데 내용상 이 '色'은 어울리지 않는 字이다. 필사본인 돈황본을 자세히 보면 '色'字가 아니라 '色'字의 윗부분은 앞의 等字를 다시 반복하는 부호이고, 하반부는 '也'字임이 분명하다. 뜻으로 보더라도 이 구절은 '無等等也'가 되어야 한다.

아울러 망심妄心의 지智도 영원히 사라지며, 각조覺照도 모두 적멸하게 되어 적연寂然 무위無爲하나니, 이를 이름하여 태太라고 하는 것이다. 태太란 리理가 지극至極하다는 뜻이고, 상上은 비할 바 없는 최상(無等等)이라는 뜻이다. 까닭에 태상太上이라 하는 것이니 곧 불佛 여래如來의 별명別名이다."

『남천축보리달마선사관문』

南天竺菩提達摩禪師觀門

【수행최상승법修行最上乘法】

해제

『남천축보리달마선사관문南天竺國菩提達摩禪師觀門』의 저자는 명확하지 않으나 홍인弘忍의 제자 가운데 염불선을 주장한 분의 저작일 것으로 보는 견해가 있다.[1] 물론 이 견해도 분명하지는 않지만 글로 작성되어 유포된 것은 이즈음이라 하더라도 그 소전所傳의 유래는 보다 윗대의 조사에게서 구해야 하지 않을까 한다. 즉 이미 이러한 선법이 윗대로부터 행해져온 바가 있었다고 보아야 한다.

대체로 북종의 점법漸法으로 이해하고 있고, 필자도 북종의 법문 가운데 하나로 보는 데는 동의한다. 그러나 단순히 남종에서 점법으로 비난하는 그러한 류의 점법은 아니라고 본다. 7종의 단계로 설정되어 점법의 모습을 보이고 있으나 제일第一 주심문住心門을 제외하고는 대승의 심의深義가 뚜렷이 요지了知되어 가는 과정으로 되어 있다. 즉 마음을 일으켜 어떠한 법상法相을 관행하는 것이 아니다. 그래서 이 법에는 이미 돈법頓法의 뜻이 들어 있어 상통된다. 요컨대 이 법문은 점법과 돈법의 상관성을 밝혀주는 귀중한 자료이다. 그러한 뜻을 더 명확히 하기 위해 하택신회荷澤神會가 점법으로 비판하고 있는 '징선사澄禪師의 선법(神會와의 문답)'을 바로 뒤이어 수록하고 양자를

---

1 田中良昭, 『禪學硏究入門』, 東京, 大東出版社, 1994. p.64.

대비하여 해설하겠다.

한편 본 『관문觀門』의 5종의 필사본은 『돈황선종문헌집성敦煌禪宗文獻集成(上)』(북경, 중화전국도서관문헌축미복제중심中華全國圖書館文獻縮微復制中心, 1998, pp.438~454)에 실려 있고, 일본에서 이루어진 대조對照 교정校訂 작업의 성과물과 주요 연구에 대해서는 위의 『선학연구입문禪學研究入門』, p.64에 소개되어 있다. 『대정장』 권제85에 활자화된 원문이 수록되어 있으나 본서에서는 돈황출토 여러 필사본을 대조하며 직접 해독하였다.

『돈황선종문헌집성(상)』, pp.440~443에[2] 수록된 『S6958』본을 저본으로 하였다. 필사본筆寫本인지라 오자誤字와 탈자脫字가 많아 같은 책 pp.438~452에 수록된 그 밖의 돈황필사본 4종(문서번호: 『S2583 V』·『S2973』·『P2058』·『S2669』) 및 『대정장』본(권82, No.2832)을 함께 대조하여 수정, 보완, 해석하였다. 수정, 보완한 내역은 각주에 기술하였다. 위의 5종의 원본 가운데 본 저본의 내용이 가장 많고, 또한 선명하며 보이지 않는 글자가 없다. 원문은 일단 저본을 그대로 수록하고, 탈자脫字는 타본他本의 것을 채록하거나 필자의 견해에 의거하여 【 】에, 오자誤字의 정자正字는 타본他本의 것을 채록하여 ( )에 넣어 표기한다.

---

2 『敦煌禪宗文獻集成(上中下 全三卷)』, 北京, 新華書店北京發行所, 1998. 5.

●본문 및 해설

問曰, "何名禪定."

答曰, "禪爲亂心不起, 無動無念爲禪定, 端心正念, 不生不滅, 無去無來, 湛然不動, 名之 爲禪定."

묻는다.

"무엇을 선정禪定이라 합니까?"

답한다.

"선禪이란 어지러운 마음이 일어나지 않는 것이요, 마음이 흔들림 없고 무념無念함이 선정이며, 바른 마음과 정념正念, 마음이 생함도 없고 멸함도 없으며, 가고 옴도 없고, 고요하고 흔들림 없는 것을 이름하여 선정이라 한다."

※

(問曰), "何名爲禪觀."

答曰, "心神澄淨 名之爲禪, 照理分明 名之爲觀. 禪觀自蓬無有錯謬, 故名禪觀. 心神澄淨, 不生不滅, 不來不去, 湛然不動, 名之爲禪."

묻는다.

"무엇을 선관禪觀이라 합니까?"

답한다.

"심신心身이 청정함을 이름하여 선禪이라 하고, 이법理法을 분명하게 비추어보는 것을 이름하여 관觀이라고 한다. 선관을 행함에 있어서는 어긋남(잘못됨)에 봉착하지 않기 때문에 이름하여 선관이라고 한다. 심신心神이 청정하며, 불생불멸不生不滅하고, 불래불거不來不去하며, 맑고 고요하여 흔들림 없음을 이름하여 선禪이라고 한다."

⁂

問曰, "何名禪定."

答曰, "禪定者 梵音, 靈言(唐言) 【靜慮】,[3] 此名功德藂林. 三界諸佛皆從禪生, 故云藂林."

묻는다.

"무엇을 선정禪定이라 합니까?"

답한다.

"선정禪定이란 범음(梵音: 산스크리트어 발음)이고, 중국말로는 정려靜慮이다.[4] 이 이름은 공덕총림功德叢林이 되는 것이며, 삼계(三界: 三世)

---

3 본문에서 보이는 '靈言'은 곧 '唐言', 즉 중국말을 가리킨다. 『대정장』본은 '唐言'으로 되어 있다. 그런데 본문의 뒷부분에 禪定에 대해 '梵音, 靈言淨利(『대정장본』은 唐言靜慮)'라 하고 있어 '靜慮'가 이 부분에 빠진 것으로 보아 보충하여 해석한다.

4 底本은 '靈言'이고, 『대정장』본은 두 자가 빠져 있으며, 『P2058』본은 '唐言'인데, 후자가 옳을 것이다.

의 제불諸佛께서 모두 선禪으로부터 나오셨기 때문에 총림叢林이라 한다."

※

又問, "何名禪法."

答曰, "禪法從通有次第, 初學時從始終有七衆(種)觀門.[5] 第一 住心門, 第二 空心門, 第三 心無相門,[6] 第四 心解脫門, 第五 禪定門, 第六 眞如門, 第七 智慧門.[7]

또 묻는다.

"무엇을 선법禪法이라 합니까?"

답한다.

"선법에는 보통 차제(단계, 순서)가 있어, 초학시初學時의 처음부터 끝까지 7종의 관문觀門이 있다. 제1은 주심문住心門, 제2는 공심문空心門, 제3은 심무상문心無相門, 제4는 심해탈문心解脫門, 제5는 선정문禪定門, 제6은 진여문眞如門, 제7은 지혜문智慧門이다.

---

5 본문은 '衆'이나 『대정장』본은 '種'이고, 후자가 옳을 것이다.

6 『대정장』본에는 '無門'으로만 되어 있으나, '心無相門'이 옳을 것이다.

7 원문에는 제삼심무상문에서 제칠지혜문까지 각 門 이름 뒤에 각기 순서대로 豕·火·爲·凍·風의 字가 있는데 衍字일 것이다. 여타의 필사본과 『대정장』본에는 이 字들이 없다.

※

住心門者, 謂心散動 攀緣不住, 專王聞(攝)[8] 念住, 更無起動, 故名住心門者.

주심문住心門이란, 마음이 어지러이 흔들리거나 반연(攀緣: 대상에 끌리어 緣함)함에 머무르지 아니하고, 오로지 마음을 흔들리지 않게 추스려 안주安住하여, 다시는 상념이 기동起動하지 않는 것을 말하며, 때문에 주심문이라고 한다.

※

空心門者, 爲看心轉, 覺心空寂, 無去無來, 無有住處, 無所依心, 故名空心門.

공심문空心門이란, 마음의 흐름을 관찰하여 마음이 공적空寂하고, 가고 옴도 없으며, 머무를 바도 없고, 마음에 의지할 바도 없음을 깨닫나니, 까닭에 공심문이라고 한다.

※

心無相門【者】, 爲心澄淨 無有相貌, 非青非黃, 非赤非白, 非長非短, 非大非小, 非方非圓,湛然不動, 【故名心】無相門.

---

8 원문은 王聞이나 『대정장』본은 '攝'이고, 後者가 옳을 것이다.

심무상문心無相門이란, 마음이 청정하여 모습이 없어서, 청색도 아니고 황색도 아니며, 빨갛지도 아니하고 하얀색도 아니며, 길지도 아니하고 짧지도 아니하고, 크지도 아니하고 작지도 아니하며, 네모나지도 아니하고 둥글지도 아니하나니, 까닭에 심무상문이라고 한다.

⁜

心解脫門者, 之(知)[9]心無繫無縛, 一切煩惱不來上心, 故名解脫門.

심해탈문心解脫門이란, 마음이 본래 어디에 묶이어 있는 것이 아님을 알아서, 일체의 번뇌가 마음에 떠오르지 않게 되나니, 까닭에 해탈문이라고 한다.

⁜

禪定門者, 西域梵音 靈言淨利(唐言靜慮),[10] 覺心寂靜, 行時住時坐時臥時 皆送痲淨(皆悉寂靜),[11] 無有散亂, 故名禪定【門】.

선정문禪定門이란, 서역의 범음梵音이다. 중국말로는 정리(淨利: 靜慮)이다. 마음이 본래 고요함을 깨달아 행주좌와行住坐臥의 어느 때나

---

9 본문은 '之'이고 『대정장』본은 '知'인데 후자가 옳다.

10 앞에 설명한 바와 같이 『대정장』본의 '唐言靜慮'로 보면 될 것이다. 단지 본문의 '淨利'도 禪定의 뜻으로 보아 '靜慮'와 함께 통용될 수 있다고 본다.

11 본문의 '皆送痲淨'은 『대정장』본에서 '皆悉寂靜'로 되어 있다. 양쪽 모두 뜻으로는 상통한다.

모두 번뇌의 티끌을 모두 벗어버리고 청정하며(모두 다 고요하며), 산란함이 없는 까닭에 선정문이라고 한다.

※

眞如門者, 覺心無【心】, 等同虛空, 遍同法界, 來(平)等不三(二),[12] 無千無邊, 故名眞如門.

진여문眞如門이란, 마음이 본래 무심無心하여 허공과 같고, 법계에 두루하며, 평등하여 불이不二하고 한량없음을 깨달으니, 이를 이름하여 진여문이라고 한다.

※

之(智)慧門者, 識了一切 名之爲智, 慧(契)達空源, 名之爲慧, 故言智慧門. 亦【名】究竟【道】, 亦名大乘無【相】[13] 禪觀門. 卽是修禪學道, 故禪有七衆(種)觀門."

지혜문智慧門이란, 일체一切를 모두 깨달아 앎을 지智라 하고, 공空의 근원에 통달하여 계합契合함을 혜慧라고 하나니, 까닭에 지혜문이라고 한다. 또한 구경도究竟道라고 하며, 또한 대승무상선관문大乘無相禪觀

---

12 본문의 본 단락에는 '心', '平', '二' 등의 字가 빠져 있거나 誤字로 되어 있어 『대정장』본에 의거하여 고쳐 넣음.

13 이 단락도 【 】로 표기한 자는 모두 『대정장』본에 의거한 것이다. 『대정장』본에 따라야 할 것이다.

門이라고도 한다. 바로 이것이 선禪을 배우고 닦는 도道인 까닭에 선禪에 7종의 관문觀門이 있는 것이다."

(이상의 7종 관문에 대해서는 다음 장인 '하택신회와 징선사와의 문답'에서 해설한다)

※

五法·三自性·八識·介(二)無我. 是名五法, 相·明(名: 明은 誤字)·分別·【正智】·如如, 是名五法.[14] (앞뒤의 '是名五法'은 중복된 句로서 앞뒤 어느 하나가 잘못 덧붙여진 것임)

오법五法과 삼자성三自性·팔식八識·이무아二無我의 법문이 있다. 이 오법이라 하는 것은 상相·명名·분별(分別, 妄想)·정지正智·여여如如를 말한다.

【해설】 여기에서 열거한 오법五法과 삼자성三自性·팔식八識·이무아二無我는 곧 『능가경楞伽經』의 주요 교법이다. 이 네 가지 법문을 함께 열거함으로써 『능가경』을 가리키는 뜻으로 쓰이기도 한다. 달마대사가 특히 이 『능가경』을 중시하여 이조二祖 혜가慧可대사에게 반드시 수지하도록 부촉하였고, 이후 육조六祖 혜능대사에 이르는 초기 선종의 소위 순선純禪 시대에는 바로 이 『능가경』의 법문을 바탕으로 수선修禪하였다. 그래서 초기의 이 집단을 능가종楞伽宗이라 칭하고 있다.

---

14 이 단락은 나머지 5종의 本에는 없다. 원문도 誤字와 脫字가 많다. 필자가 수정하고 보완하여 ( )에 표기하였다.

『대승입능가경(7권본)』 권제5 「찰나품」에 오법五法에 대한 자세한 설법이 있어 여기에 인용한다. 나머지 법구法句는 다음 단락에서 설명한다.

대혜여! 이 (오법五法) 가운데 상相이란, 안식眼識에 보이는 색(色; 눈으로 보이는 사물)과, 이(耳; 귀)·비(鼻; 코)·설(舌; 혀)·신(身)·의식으로 취해진 성(聲; 소리)·향(香; 향기)·미(味; 맛)·촉(觸; 감촉)·법(法; 의식에서 인식되는 것들), 이러한 것들을 나는 상이라 한다. 분별이란, 여러 명名을 시설하여 제상諸相을 나타내는 것이어서, 말하자면 코끼리·말·차·걸음·남·여 등의 명名으로 그 상相을 나타내는 것이니, 이것은 그 이름대로 결정되어 (같은 이름으로서) 다름없게 되는 것이다. 이를 '분별分別'이라 이름한다.
정지正智란, 저 명名과 상相 얻을 수 없음이 마치 지나가는 객客과 같음을 (名과 相이 서로 밖에서 온 것이기에) 보아, (그것들에 대해) 식별하는 마음이 일어나지 아니하며, 단견斷見과 상견常見도 일어나지 아니하고, 외도·2승(3승과 2승)의 자리에 따르지 않는 것이니, 이를 정지正智라 한다.
대혜여! 보살마하살은 이 정지正智로 명名과 상相이 비유非有·비무非無임을 관찰하여, 덜해지고 늘어남과, 이변二邊의 악견을 멀리 떠나는 것이다. 명名·상相과 식識은 본래 일어남이 없는 것이니, 나는 이 법을 설하여, 여여如如라고 이름한다.
대혜여! 보살마하살이 여여如如에 머무르게 되면, 나타난 경계를 비춤이 없고, 환희지에 올라, 외도와 악취(惡趣; 욕계六道 생류 중 축생, 아귀, 지옥)를 떠나며, 세간을 뛰어 넘는 법상에 들고 익어가며,

모든 것이 환幻 등과 같음을 알아, 자심에서 증득한 성스러운 지혜(自證聖智)로 행해지는 법을 증득하며, 사량분별을 떠난다. 이와 같이 (여러 보살지를) 차제次第로 올라 법운지(法雲地; 보살제10지)에 이르나니, 법운지에 이르고 나면, 삼매의 여러 힘과 자재 신통이 활짝 열리어 만족하게 되고 여래가 되느니라. 여래가 되고 나서는 중생을 위하는 까닭에, 물속의 달(水中月)과 같이 그 몸을 두루 널리 나타내며, 중생들의 욕락에 따라 설법하느니라. 그 몸은 청정하여 심(心; 제8식)·의(意; 제7식)·의식(제6식)을 떠나 있으며, 중생구제의 크나큰 서원의 갑옷을 입고, 원만한 십무진원十無盡願을 구족하나니, 이를 보살마하살이 여여如如에 들어 획득한 바라고 하는 것이니라.

또 약간 뒤 단락에 다음의 보충 설명이 있다.

또한 대혜여! 오법五法이란, 소위 상相·명名·분별(分別; 妄想)·여여如如·정지正智이다. 이 가운데 상相이란, 보이는 색色 등의 형상이 각기 구별되는 것, 이를 이름하여 상相이라 한다. 저 모든 상에 의거하여, 물병 등의 명名을 세워, 이것은 이러하고, 이것은 (저것과) 다르지 않다고 하는 것, 이를 이름하여 명名이라 한다. 여러 명名을 시설하여 제상諸相의 심(心; 영상이 일어나는 마음의 바탕, 주관으로서의 마음)·심소법(心所法; 마음에 일어나는 여러 상들, 객관으로서의 마음)을 나타내는 것을 이름하여 분별이라 한다.
저 명名과 상相은 필경에 있는 것이 아니고, 단지 망심(妄心; 망령된 마음)이 구르며 분별하는 것이다. 이와 같이 관찰하여 생각이 멸하기에 이르게 됨을 이름하여 여여如如라 한다.

대혜여! 진실하고 결정이며, 구경(궁극)이고 근본인 자성自性은 얻을 수 없는 것(不可得)이나니, 이것이 여여상如如相이다. 나와 제불諸佛은 (如如相에) 수순하여 증입證入하고, 그 실상實相대로 개시하여 연설하느니라.

만약 능히 여기에 수순하여 깨닫고 이해하며, 단견斷見을 떠나고 상견常見을 떠나, 분별을 일으키지 아니하고, 자심에서 증證하는 자리에 들어, 외도와 2승(3승과 2승)의 경계를 넘어서는 것을 이름하여 정지正智라 한다.

대혜여! 이 다섯 가지 법과, 삼성三性·팔식八識 및 이무아二無我는 모든 불법을 두루 다 포섭하느니라.

대혜여! 이 법 가운데서 너는 마땅히 스스로의 지혜로 잘 통달하고, 또한 남한테도 권해서 통달하도록 할지니, 이를 통달하면, 마음은 곧 결정決定에 이르러, 다른 것에 따라 움직이지 않을 것이다.

※

人無我 法無我 恵竟, 謂人人無我五飮(陰)本來, 法無我.[15] (脫字가 많음)

(二無我는) 인무아人無我와 법무아法無我를 말하며, 지혜의 궁극이다. 인무아는 오음(五陰: 오온, 色受想行識)이 본래 (空함을 말한다). 법무아

---

15 이 구절도 餘他의 다섯 本에는 없다. 脫字가 많아서 전체로 문장이 안 되어 있으나, 二無我를 설명하는 구절이기 때문에 전체 내용은 대체로 짐작이 간다.

는 (이하 여러 字 탈락됨).

【해설】 이무아二無我에 대한 이 단락의 내용은 탈자가 많아 일부만 드러나 있다. 『능가경』 권제2 「집일체법품集一切法品」에 이무아二無我에 대한 자세한 설법이 있어 여기에 인용한다.

또한 대혜여! 보살마하살은 마땅히 이무아상二無我相을 잘 관찰하여야 하나니, 무엇이 두 가지인가. 소위 인무아상人無我相과 법무아상法無我相이니라. 대혜여! 무엇이 인무아상인가. 오온·(18)계·(12)처가 아(我; 인식의 주관)와 아소(我所; 대상, 객관, 경계)를 떠나 있음을 말하는 것이다. (중생은 이러함을 모르고) 무지無知와 애착의 업으로부터 생긴 안식眼識 등에서 색色 등을 취하여 분별 집착을 일으킨다. 또 자심自心에 보이는 몸과 기세간器世間은 모두 장식藏識이 나타난 것으로 찰나의 상속과 변화하며 무너짐이 멈추지 않는 것이 흐르는 강과 같고, 종자種子와 같으며, 등의 불꽃과 같고, 신속한 바람, 뜬 구름과 같으며, 이리저리 움직여 불안해함이 원숭이와 같고, 부정不淨한 곳을 좋아함이 모기 파리와 같고, 꺼리거나 만족할 줄 모름이 맹화와 같고, 무시無始의 허위습기虛僞習氣가 인因이 되어 여러 생류 가운데 끊임없이 유전流轉함이 물레방아와 같고, 갖가지 색신色身의 위의威儀가 나아가고 멈춤이, 비유컨대 시체가 주력呪力으로 움직이는 것과 같나니, 또한 만약 능히 여기에서 그 상相을 잘 알면 이를 이름하여 인무아지人無我智라 한다.

대혜여! 무엇을 법무아지法無我智라 하는가. 오온·(18)계界·(12)처

處가 망령된 분별로 잇게 된 것이라는 성품〔妄計性〕이며, 오온·(18)계·(12)처가 아我와 아소我所를 떠나 있는 것이며, 오직 함께 쌓여진 애업에 묶여 서로 연기緣起하는 것이라 능작자能作者가 없음을 알며, 또한 오온五蘊 등이 자상自相·공상共相을 떠나 있는데도 허망 분별하여 갖가지 상相이 나타나는 것인데, 어리석은 범부는 분별하나 모든 성인聖人은 그렇지 않느니라. 이와 같이 일체법을 관찰하여 심心·의意·의식意識과 오법자성(五法自性; 名·相·분별·正智·如如)을 떠남을 이름하여 보살마하살의 법무아지라 하느니라. 이 지혜를 얻고 나면 경계 없음을 아나니, 제지(諸地; 여러 보살의 位)의 상相을 요지了知하고, 곧바로 보살초지初地에 들어 마음에 환희 일어나고, 점차 진전하여 선혜(善慧; 보살제9지) 및 법운지(法雲地; 보살제10지)에 이르러서 모든 행을 이미 다 갖추어 이룬다. 이 보살지에 머무르고 나면 대보연화왕중보大寶蓮華王衆寶로 장엄되고, 그 연화 위에 보배 궁전이 있어 그 모양이 연화와 같은데, 보살은 거기에 가서 환성법문幻性法門의 성취를 닦으며 그 위에 좌坐하나니, 동행同行 불자佛子(보살)가 전후에 둘러싸고 일체 불찰(佛刹; 불세계)의 여래께서는 모두 그 손을 펴시어 전륜왕자轉輪王子의 관정법灌頂法과 같이 그 머리에 관灌하나니, 불자佛子의 지地를 넘어 자증법(自證法; 自心에서 증득하는 법, 오직 自心뿐임을 증득함)을 획득하여 여래如來 자재신自在身을 성취하느니라. 대혜여! 이를 이름하여 법무아상法無我相을 보는 것이라 하나니, 너와 모든 보살마하살은 마땅히 부지런히 수학하여야 하느니라.

※

遍竟所勅性(邊計所執性)·拎他去性(依他起性)·緣成實性(圓成實性), 成衆性蘊.[16]

(三自性인) 변계소집성邊計所執性·의타기성依他起性·원성실성圓成實性이 모든 성품과 오온(五蘊: 色受想行識)을 이룬다.

【해설】 삼자성(三自性: 三性)을 열거한 단락이다. 본문에는 자세한 설명이 되어 있지 않기 때문에 『대승입능가경』 권제2 「집일체법품」에 실려 있는 삼자성三自性에 대한 자세한 설법을 여기에 인용한다.

> 또한 대혜여! 보살마하살은 마땅히 삼자성상三自性相을 잘 알아야 한다. 무엇이 세 가지인가. 이른바 망계자성(妄計自性; 변계소집성遍計所執性; 망령된 분별로 생긴 것이라는 性)·연기자성(緣起自性; 依他起性; 다른 것에 의지하여 생긴 것이라는 性)·원성자성(圓成自性; 圓成實性; 앞의 두 가지 性으로 된 것이어서 그 自性이 없는 것이라는 性, 즉 無自性의 性)이니라. 대혜여! 망계자성은 상相으로부터 생기나니, 어떻게 상으로부터 생기는가 하면, 연기緣起에 의하여 시事·상相의 종류가 나타난 것에 분별 집착을 생生하는 까닭이니라.
>
> 대혜여! 저 사事·상相을 분별 집착함에서 두 가지의 망령된 분별로

16 이 단락도 餘他의 다섯 本에는 없다. 대부분의 글자가 正字와 同音이거나 비슷한 발음의 다른 字로 기재되어 있다. 三性의 이름을 열거한 부분이기 때문에 그 正字를 명확히 알 수 있다.

생긴 것이라는 성품〔妄計性; 변계소집성〕이 생하나니, 이것이 모든 여래께서 언설하신 바, 명名·상相을 분별 집착하는 상〔名·相計着相〕, 사事·상相을 분별 집착하는 상〔事·相計着相〕이니라. 대혜여! 사事를 분별 집착하는 상〔事計着相〕은 내외법內外法에 분별 집착〔計着〕함을 말하며, 상계착상相計着相이란 곧 저 내외법內外法 중에서 자自·공상共相을 분별 집착하는 것이니 이들을 2종의 망계자성상(妄計自性相; 망령된 분별로 있게 된 것이라는 성품의 상)이라 하느니라.

대혜여! 연기緣起에 의지하며 연기로 생긴 것에 따르는 것이 연기자성緣起自性이니라. 무엇이 원성자성圓成自性인가 하면, 명상名相·사상事相의 일체 분별을 떠난 자증성지自證聖智 소행진여(所行眞如; 自心에서 증득한 성스러운 지혜의 行인 眞如)를 말하느니라. 대혜여! 이것이 원성자성圓成自性 여래장심如來藏心이니라.

또 같은 경 권제6 「게송품」에 다음의 설법이 있다.

以不生不滅　　모든 것은 불생불멸이며
本性如虛空　　본성은 허공과 같아,
自性無所有　　자성이 있는 바가 없는데
是名妄計相　　있다고 보는 것을 허망한 분별상이라 하네.

如幻影陽焰　　일체법은 환과 같고, 그림자와 아지랑이와 같고,
鏡像夢火輪　　거울 속의 모습과 꿈, 화륜火輪 같으며,
如響及乾城　　메아리와 건달바성과 같나니,

是則依他起	이것이 의타기성이니라.

眞如空不二	진여와 공이 불이不二이며,
實際及法性	실제와 법성은
皆無有分別	모든 분별 떠났나니,
我說是圓成	나는 이를 원성실성이라 하느니라.

※

八識, 第六意識, 第七末那識, 第八阿賴耶識. 第六意識 成所作智, 第七末那識 太緣竟意智(大圓鏡智), 第八阿【賴】耶識 妙觀察智.[17]

팔식八識이란 (前五識인 眼識 耳識 鼻識 舌識 身識과) 제육식인 의식意識, 제칠식인 마나식末那識, 제팔식인 아뢰야식(藏識)이다. (성불하면) (前五識이 轉하여 成所作智가 되고) 제육의식이 (轉하여) 묘관찰지(妙觀察智: 본무의 成所作智는 잘못)가 되고, 제칠마나식이 (轉하여) 평등성지(平等聖智: 본문의 大圓鏡智는 잘못)가 되며, 제팔아뢰야식이 (轉하여) 대원경지(大圓鏡智: 본문의 妙觀察智는 잘못)가 된다.

【해설】 전오식前五識·제육식第六識·제칠식第七識·제팔식第八識이 증과(證果, 成佛)시에 각각 사지四智로 전轉하는 내용을 기술한 부분인데 일부 사항이 빠져 있고, 각 연결이 엇갈려 있다. 『능가경』에는 팔식八識에

---

17 이 단락도 여타의 다섯 本에는 없다. 또한 八識이 四智로 轉하는 내용을 기술한 후반부는 순서가 뒤바뀌어 있어 바로잡아 해석한다.

대한 설명이 다방면으로 여러 곳에 펼쳐져 있다. 그 가운데 일부분을 여기에 인용한다.

『대승입능가경』 권제2 「집일체법품」에

대혜여! 인(因; 아뢰야식)과 소작상(所作相; 제7식) 이하의 분별사식(分別事識, 바다의 파도와 같이 구르며 일어나는 識)은 일(一; 하나, 같음)도 아니요 다르지도 않은데 업이 생상(生相; 아뢰야식에서 나온 根, 身, 세계의 모습)과 서로 합해지고 깊이 묶이어 색色 등의 자성(自性; 無自性의 性을 말함)을 깨달아 알지 못하므로 오식(五識; 前五識; 眼識, 耳識, 鼻識, 舌識, 身識)의 신身이 일어나 구르느니라. 대혜여! 전오식前五識과 어우러지거나, 혹은 차별의 경계상을 요별了別함에 인하여 의식이 생하느니라.

그러나 (중생은) 저 제식諸識이란, 아상我相 등의 상相이 동시에 전전展轉하며 서로 인因이 되어 자심自心에 나타난 경계라고 생각하지 아니하고 분별 집착한다. (諸識은) 함께 동시에 일어나는 것이라 차별상이 없는 것인데 각 식識의 자분상自分上의 경계를 각기 분별하는 것이니라.

『대승입능가경』 권제3 「집일체법품」에

대혜여! 의식(제6식)이 인因과 소연(所緣; 對象)이 되는 까닭에 일곱 가지 식이 생길 수 있는 것이니라. 대혜여! 의식이 경계를 분별하여 집착을 일으킬 때에 모든 습기를 생기게 하고, 장식藏識을 기른다.

이로부터 의(意; 제7식)가 아(我; 주관)와 아소(我所; 객관) 갖추어 집착 사량思量하면서 따라 구르니, 따로 체상이 없는 것이니라. 장식은 인因이 되고 소연(所緣; 對象)이 되는 까닭에(장식은 제7식의 대상이 됨) 자심自心이 나타난 경계를 집착하니 여러 심식들이 생기고, 서로 서로 전전展轉하며 인因이 되느니라.
대혜여! 비유컨대 바다의 파도와 같이 자심自心이 나타난 경계가 바람에 의해 일어나고 멸하나니, 이 까닭에 의식이 멸할 때에 나머지 일곱 가지 식識들도 또한 멸하느니라.

『대승입능가경』 권제5「찰나품」에

외도는 알지 못하고 작자作者가 있어 생하게 한다고 집착한다. 무시 이래의 허위의 악습이 훈습된 것을 이름하여 장식藏識이라 하나니, 제7식을 생하고 무명주지無明住地와 함께 한다. 비유컨대 대해에 파도가 있어, 그 체(體: 海水)와 상(相: 파도)이 이어져 끊임없이 항상 머무는 것과 같다.
본성은 청정하여 무상無常의 잘못을 떠나 있으며, 아과(我過; 我가 있다고 하는 잘못)를 떠나 있는 것이다. 그 밖의 의意·의식 등의 일곱 가지 식識(전5식~제7식) 등이 염념에 생멸하는 것은 망상을 인으로 하고 경계의 상을 연緣으로 하여 화합해서 생하는데, 색色 등이 자심의 소현所現임을 깨닫지 못하여 명상名相을 분별 집착해서, 고락의 느낌〔受〕이 일어나고, 명상에 얽매이고 묶이어 이미 탐착으로 생긴 것에 다시 탐착을 일으킨다.

…… (중략) ……

먼저 장식(제8식)이 멸하면 일곱 가지 식도 멸하는 것이다. 왜냐하면 (일곱 가지 식은) 저 장식을 인으로 하고 소연(所緣; 장식의 相分을 所緣으로 함)으로 하여 생기는 것이기 때문이다. 그러나 (이는) 모든 외도와 2승의 모든 수행자가 알 수 있는 경계가 아니니라.

…… (중략) ……

이 까닭에 대혜여! 보살마하살이 뛰어난 법〔第一義諦〕을 얻고자 하면, 마땅히 여래장에서 장식藏識이라 이름하는 것을 정화하여야 하느니라. 대혜여! 만약 여래장에서 장식이라 이름할 것이 없게 되면, 생멸이 없게 되는 것이다.

…… (중략) ……

대혜여! 나는 승만부인과 그 밖의 심묘하고 청정한 지혜를 갖춘 보살들에게 여래장에서 장식이라 이름하는 것과 일곱 가지 식(1~7식)이 함께 일어나는 것임을 설하여, 모든 성문으로 하여금 법무아法無我를 보도록 한 것이니라.

한편 『능가경』에 오법五法과 삼자성三自性·팔식八識 및 이무아二無我의 상호 관련에 대한 다음과 같은 내용이 있다. 『대승입능가경』 권제5 「찰나품」에

대혜여! 삼성三性·팔식八識 및 이무아二無我 모두 다 오법五法 가운데 들어가느니라. 그 가운데 명名과 상相은 망계성(妄計性; 망령되이 분별하여 있는 듯이 보이는 것)이나니, 저것에 의지하여 심心과 심소법

(心所法; 심식에서 인식되는 대상)을 분별하는 데서 동시에 함께 일어난다. 해와 빛이 연기성緣起性이듯이, 정지正智·여여如如는 무너지지 않는 것인 까닭에 원성실성圓成實性이다.

대혜여! 자심에 나타난 것을 집착할 때에 여덟 가지의 분별(8가지 식)이 일어나나니, 이 차별상들은 모두 다 실實이 아니라 오직 망령된 분별로 있게 된 것일 뿐이다. 만약 이아(二我; 아집과 법집)의 아집을 버릴 수가 있다면, 이무아지二無我智가 곧바로 생장될 수 있느니라.

⁂

大聲念佛十動(種)功得(德), 一者不聞惡聲, 二者念口佛不散, 三【者排去睡眠, 四者勇猛精進, 五者諸天歡喜, 六者魔軍怖畏, 七者聲振十方, 八者三途息苦, 九者三昧現前, 十者往生淨土.】[18]

큰 소리로 염불하는 것은 10가지 공덕이 있나니, 첫째는 나쁜 소리를 듣지 않게 되고, 둘째는 염불하는데 마음이 흐트러지지 않으며, 셋째 졸리는 것을 물리치고, 넷째 용맹정진 할 수 있으며, 다섯째 제천諸天이 환희하고, 여섯째 마군魔軍이 두려워하며, 일곱째 그 소리가 시방十方에 울려 떨치고, 여덟째 삼악도(三惡途[道]: 지옥, 아귀, 축생) 중생의 고통을 쉬게 하고, 아홉째 삼매가 현전하며, 열째 극락정토에 왕생한다.

※이하 본 저본底本과 『S2973』본에서는 진언眞言 몇 가지를 외우는 법문

---

18 이 단락도 후반부 【 】 부분이 탈락되어 있다. 여기서는 『대정장』본의 글을 옮겨 보충하였다.

이 있으나 여타의 본에는 나와 있지 않고, 뒤에 누군가가 본문에 덧붙인 것으로 보이기에 인용하지 않는다.

『하택신회와 징선사의 문답』

● 해제

돈황출토의 선종 문서 가운데 하택신회荷澤神會가 여러 스님들과 나눈 대화록을 수록하여 편집한 『남양화상문답잡징의南陽和尙問答雜徵義』가 있다.[1] 그 가운데 징선사澄禪師와 나눈 문답이 있는데 신회神會가 비판해온 점법漸法이 어떤 것인가가 뚜렷이 설명되고 있어 점법과 돈법의 차이를 명확히 하는 데 큰 도움을 준다. 아울러 앞에서 소개한 『남천축보리달마선사관문』을 이 문답과 대조해보면 돈점頓漸 양자의 상관성을 이해할 수 있을 것이다.

---

1 앞의 『神會和尙禪話錄』, pp.54~123에 실려 있고, 징선사와의 문답부분은 pp.71~72에 있다.

●본문 및 해설

和上問澄禪師, "修何法而得見性."

澄禪師答曰, "先須學坐修定. 得定已後, 因定發慧, 以智慧故, 卽得見性."

問曰, "修定之時, 豈不要須作意否?"

答言, "是"

(問曰), "旣是作意, 卽是識定, 若爲得見性?"

答, "今言見性者, 要須修定, 若爲見性?"

問曰, "今修定者元是妄心, 妄心修定, 如何得定?"

答曰, "今修定得定者, 自有內外照. 以內外照故, 得見淨. 以心淨故, 卽是見性."

問曰, "今言見性者, 性無內外. 若言因內外照故, 元見妄心, 若爲見性? 經云, 「若學諸三昧, 是 動非三昧, 心隨境界流, 云何名爲定?」 若能此定爲是者, 維摩詰卽不應訶舍利弗宴坐也."

(神會)화상이 징선사澄禪師에게 물었다.

"어떠한 법을 닦아 견성할 수 있습니까?"

징선사가 답하였다.

"먼저 모름지기 좌坐하여 정定을 닦는 것을 배워야 하고, 정定을 얻은 이후에는 정定으로 인하여 지혜가 발하며, 지혜로 인하여 곧 견성見性할 수 있습니다."

신회가 물었다.

"정定을 닦을 때에 어찌 모름지기 작의(作意: 마음을 어떻게 하고자 지음)함을 요하지 않겠습니까?"

징선사가 답하였다.

"(作意함을) 요합니다."

(신회가 물었다.)

"이미 작의作意함이 있다면 곧 이는 식정識定인데 견성見性할 수 있겠습니까?"

(징선사가) 답하였다.

"지금 말하는 견성이란 반드시 정定을 닦아야 하며, 정을 닦지 않고 어떻게 견성할 수 있겠습니까?"

(신회가) 물었다.

"지금 정定을 닦는다고 한 것은 본래 망심妄心인데 망심이 정을 닦아서 어떻게 정을 얻을 수 있겠습니까?"

(징선사가) 답하였다.

"지금 정定을 닦아 정을 얻는다고 한 것은 스스로 내외內外를 비추고, 내외를 비추는 까닭에 청정함을 얻을 수 있으며, 마음이 청정하게 되는 까닭에, 곧 이것이 견성이라는 것입니다."

(신회가) 말하였다.

"지금 견성이라 하는 것은 그 본성이 내외가 없는 것인데 만약 내외를 비추어보는 것으로 인하여 정定을 얻게 되는 것이라 한다면 이는 원래 망심妄心을 보는 것이 되는데 견성이 될까요? 경에서 이르길, '만약 여러 삼매三昧를 수학修學한다면 이는 동動이어서 좌선坐禪이 아니나니 마음이 경계에 따라서 흐르는데 어찌 정定이라 이름하겠는가?'라고 하였습니다. 만약 이러한 정이 옳은 것이라면, 유마힐이 사리불의 연좌행(宴坐行: 좌선행)을 응당 꾸짖지 않았을 것입니다."[2]

【해설】 앞에 소개한 『남천축보리달마선사관문』(이하 『관문觀門』 또는 『7종관문』으로 약칭함)과 신회로부터 비판받고 있는 징선사澄禪師의 선법은 엄밀히 구분된다. 징선사와 신회神會의 대화에서 징선사가 "지금 정定을 닦아 정定을 얻는다 한 것은 스스로 내외內外를 비추고, 내외를 비추는 까닭에 청정함을 얻을 수 있으며, 마음이 청정하게 되는 까닭에 곧 이것이 견성見性이라는 것입니다"고 한 것은 위의 『7종관문』과 어떻게 관련되는 것일까. 내외를 비추는 행은 일단 간심행看心行에 들어가는데 7단계 중 제1 주심문住心門하고는 다르고, 제2 공심문空心門인 '간심看心으로 마음이 공적空寂하여 거去함도 없고 래來함도 없으며, 머무는 곳도 없고 의지할 바의 마음도 없는 것임을 각覺하도록 전추(轉追: 進展)하는 것'과는 간심看心이라는 점에서는 같으나 그 내용이 전혀 다르다. 왜냐하면 징선사의 선법은 마음으로 마음의 내외를 비추어보는 행이지만, 이 공심문空心門에서는 간심하되 그 심心이 본래 공적하여 거去함도 래來함도, 머무름도, 의지할 바의 마음도 없는 것임을 각覺하도록 나아가는 것이기 때문이다. 즉 이 공심문에서는 대승경론에 의한 이입理入이 수반되어 행해지는 간심이다. 그냥 단순히 마음의 내외만 비추어보고

---

2 『유마경』 第三 「弟子品」에 나온다.

있는 징선사의 행법하고는 분명히 구분된다.

위에 소개한 7종관문을 요약하여 살펴보겠다.

제1 주심문住心門은 '오로지 섭념攝念하여 염念을 주住하게 해서 다시는 움직이지 않도록 하는 행'이다. 이 법은 산란심을 대치對治하는 법으로 불교와 외도를 막론하고 처음에는 공통으로 닦는 행이다.

다음 제2 공심문空心門은 '간심看心하여 마음이 공적空寂하여 거去함도 없고 래來함도 없으며 머무는 곳도 없고, 의지할 바의 마음도 없는 것임을 각覺하도록 전추(轉追: 進展)하는 것을 말한다.' 즉 대승의 심의深義이며, 『능가경』의 요지인 '마음의 성품이 본래 청정하다'는 지혜법문이 전제되어 있다. 즉 신회가 비판하는 바와 같이 정定으로 정定을 이루려는 행은 아니다. 이미 교법에서 신해信解한 '마음이 본래 공적하여 거래去來가 없고, 머무름도 없으며, 의지할 바도 없음'을 확인하고 뚜렷이 하는 것이다. 뚜렷하여 흔들림 없으면 정定이고 마음이 곧 그러함을 요지了知함은 혜慧이니 정혜쌍수定慧雙修가 이미 이루어지고 있다. 본 공심문空心門에서는 이미 불교의 지혜법문이 전제되어 있는 것이다. 또한 '마음이 본래 공적하고 거래가 없으며 머무는 바도 없고, 의지할 바도 없음'은 돈법頓法의 바탕이 되는 것이다.

제3 심무상문心無相門은 심心이 맑아져 모습이 없게 됨에 비청非靑·비황非黃·비적非赤·비백非白하고, 비장非長·비단非短·비대非大·비소非少하며, 비방非方·비원非圓하여 고요하고 흔들림 없음이다. 앞의 공심문空心門에서 마음의 본래 성품이 진전 내증(內證: 自心에서 證)됨에 따라 이와 같이 심무상心無相의 경지가 드러나게 된다. 이 단계에서도 마음을 일으켜 정定을 이루려 한다거나 무상無相을 취하려 하는 행이 아니다.

심心이 고요히 흔들림 없는 경지이니 이미 정定이 이루어진 것이고, 이 정定은 징선사나 신회가 말한 바와 같은 정定의 행으로써 정定을 얻게 된 것이 아니다. 즉 신회가 비판하는 내용하고는 전혀 다른 것이다.

제4 심해탈문心解脫門은 심心이 (본래) 묶임이 없는 것임을 알아 일체의 번뇌가 마음에 들어오지 못하는 것이다. 이 단계에서는 깨달아 지知함, 즉 오悟가 수반되고 전제되어 있다. 마음이 본래 묶임이 없음을 요지(了知: 깨달아 알게 됨)한다는 것이니 이는 앞의 제3 심무상心無相門에서 마음이 고요히 흔들림 없음이 이어신 결과라 할 수 있다. 즉 정定이 이루어지니 혜慧 또한 밝아짐이다. 그렇다고 해서 이 선법이 꼭 정定을 우선으로 함은 아니다. 앞 단계에서 이미 혜慧가 전제가 되며 또한 수반되고 있기 때문이다. 이 심해탈문에서도 마찬가지로 마음을 어디에 묶이지 않게 하려고 하는 행이 아니라 마음이 본래 어디에도 묶임이 없는 것임을 깨달아 알고 있을 뿐인 행이다. 그러함을 여실히 알고 있는 까닭에, 즉 지혜의 빛이 밝은 까닭에 무명無明이 힘을 잃어 마음에 일체의 번뇌가 들어오지 못한다. 그래서 심해탈心解脫이다. 이 단계의 법은 이미 돈법頓法에 그대로 상통한다. 그리고 그 혜慧는 전술한 『능가경』을 비롯한 여러 대승경론 및 선사들의 어록에 개시開示된 심의深義와 이미 상통하는 것임을 알 수 있다.

제5 선정문禪定門은 심心이 적정寂靜함을 깨달아 행주좌와行住坐臥 어느 때나 모두 적정하여 흔들림이 없는 것이다. 이 선정도 마음을 어느 면으로 비추거나 향하여 얻어진 정定이 아니라 마음이 본래 적정寂靜한 것임을 깨달아 알고 있다 함이니, 『단경』에서 말하는 바와 같이 마음을 일으키지 않도록 함(不起心)이 아니라 마음이 본래 일어나지 않는 것임을(心不起) 아는 행과 같다. 또한 이 법은 신회에 의해 비판된, '마음으로 내외內外를 비추어 정定을 얻는다는 법'과는 이미 차원이 다르다. 즉 이 선정에는 이미 앞의 제4 심해탈문心解脫門까지 성취한 지혜가 전제되어 상응하고 있는 자리에서의 선정禪定이다. 마음을 억지로 고정시켜서 얻어진 선정(지혜 없는 禪定)과는 근본적으로 다르다. 따라서 징선사는 달마 이래의 정통선법을 행하고 있지 못한 이였다고 할 수 있다.

제6 진여문眞如門이란 심心이 무심無心하여 허공과 같고, 법계에 두루하여 평등 불이不二하고, 변함이 없는 것임을 각지(覺知: 了知)함이다. 이 단계도 마음을 어디로 향하고 관함이 없다. 즉 심心이 그대로 무심無心이니 곧 절관絶觀이다. 심心이 곧 무심이라고 요지了知한 각지覺智가 구현되는 무위無爲의 위位이다. 돈법의 의義와 다를 바가 없다.

제7 지혜문智慧門에 대해서는 '일체를 요지了知한지라 이를 이름하여 지智라 하고, 공空의 원源에 계합契合, 통달한지라 이를 이름하여 혜慧라 하고, 까닭에 지혜문이라 하며, 또한 구경도究竟道라 하고, 또한 대승무상선관문大乘無相禪觀門이라고 하니 이것이 곧 선禪을 닦는 것이다'고 하였다. 이 지혜문은 일체를 요지하고, 공空의 근원에 계합, 통달한 위位이다. 즉 진여眞如의 공용功用과 이미 함께 하게 된 위位이다.

이상의 선법을 '7종관문'이라 이름하였으나 그 내용으로 보건대 이미 제3 심무상문心無相門 내지는 제4 심해탈문心解脫門으로부터는 이미 마음을 일으켜 관행觀行하는 행이 아니다. 돈법頓法에서 말하는 무작의(無作意: 마음을 억지로 짓지 않음), 무수지수無修之修의 행이 이미 이 네 번째 단계에서부터 이루어지고 있다. 앞의 두 단계는 마음을 집중하거나 간심看心하는 심행心行이 있다 하겠으나 제2 공심문空心門도 이미 대승의 심의深義, 지혜의 법이 전제되어 있다. 이 7단계의 선법에서는 앞 단계의 행이 익어지고 성취되면서 자연스럽게 다음 단계로 진전된다는 것으로 되어 있다. 물론 사람에 따라서 앞의 몇 단계를 거치지 아니하고 네 번째나 여섯 번째 혹은 일곱 번째의 법으로 바로 들어갈 수 있다. 그러나 대부분은 일단 마음을 안정시키고, 간심看心하는 행을 통해 그 심心의 성性을 관찰하여 내증內證하는 단계를 필요로 하게 된다. 신회가 북종선으로 말한 '섭심내증攝心內證'에서 이루어진 내증內證을 통해 심성心性이 본래 무상無相이고 걸림 없이 자재自在하는 것임을 요지了知한 까닭에, 곧 무작의無作意의 돈법頓法을 구현할 수 있게 되는 것이다.

『안심법문安心法門』

보리달마菩提達摩 著

● 해제

달마대사의 법문으로 전하는 『혈맥론血脈論』·『오성론悟性論』·『파상론破相論』·『심경송心經頌』·『이입사행론二入四行論』·『안심법문安心法門』은 『소실육문少室六門』으로 합칭되며 전승되었다. 단지 이 가운데 『이입사행론二入四行論』을 제외하고 나머지는 달마대사의 친전親傳은 아닌 것으로 보는 경향이 있으나 그 법문의 내용은 달마 이래 초기 조사들의 가르침을 그대로 전승한 것은 분명하다. 각기 조사의 선법을 명료하게 개시開示하고 있다. 본서에서는 이 가운데 『안심법문』과 『이입사행론』 두 편만을 소개한다.

본 『안심법문』은 『대정장』 권48에 수록된 『소실육문』을 저본으로 하였다.

●본문 및 해설

迷時人逐法, 解時法逐人. 解則識攝色, 迷則色攝識.

미혹한 때는 사람이 법(法: 일체 萬法, 色受想行識의 오온 및 敎法)을 좇아가고, 깨달으면 법法이 사람을 좇는다.
깨달았을 때는 식識이 색色을 포섭하고, 미혹한 때는 색이 식을 포섭한다.

❊

但有心分別計較, 自身現量者, 悉皆是夢. 若識心寂滅無一動處, 是名正覺.

단지 마음으로 이리저리 분별 계교(計較: 헤아리다)하고, 자심自心에 비친 현상의 모습을 그대로 인식하는 것(自心現量) 모두 다 꿈이다. 만약 심식心識이 적멸寂滅하여 조금도 흔들림이 없다면 이것이 바로 정각正覺이다.

❊

問云, "云何自心現量."
答, "見一切法有, 有自不有, 自心計作有. 見一切法無, 無自不無,自心計作無. 乃至一切法亦如是, 並是自心計作有, 自心計作無.

묻는다.
"자심현량自心現量이란 무엇입니까?"
답한다.
"일체법一切法이 있다고 보지만, 있는 것이 스스로 있는 것이 아니라 자심自心이 분별하여 있음을 지은 것이다. 일체법이 없다고 보지만, 없는 것이 스스로 없는 것이 아니라 자심으로 분별하여 없음을 지은 것이다. 내지 일체법도 또한 이와 같아, 모두 자심으로 분별하여 있다 하고, 자심으로 분별하여 없다 하는 것일 뿐이다.

⁂

又若造一切罪, 自見己之法王, 卽得解脫.

또한 일체의 죄를 지었더라도 스스로 자신이 법왕法王임을 깨달으면 바로 해탈할 수 있다.

⁂

若從事上得解者 氣力壯, 從事中見法者 卽處處不失念, 從文字解者 氣力弱.

부딪히는 현실에서 깨달음을 열어 가는 자는 기력氣力이 강하고, 부딪히는 현실에서 진리를 보는 자는 어느 곳에서나 일념을 잃지 아니하지만(망상에 빠져들지 않는다), 문자文字로 깨달음을 열어가는 자는 기력이 약하다.

【해설】 세속을 떠나 고요한 산간에서 수행하여 얻어지는 삼매의 힘보다 세간의 어지러운 현실에서 행하여 얻어지는 삼매의 힘은 그보다 몇 배의 힘을 갖는다고 한다. 여러 힘든 경계에 부딪히면서 더욱 지혜와 선정이 굳건해지는 까닭이다. 온실에서 자란 식물보다 산야의 식물이 더 튼실한 것도 마찬가지이다. 단지 아직 기조가 제내로 들어서지 못하였을 때는 고요한 자리를 찾아 닦는 기간이 필요하기도 하다.

일단 수행은 문자로 된 경전공부를 통해야 한다. 그러나 자칫 그 문자의 개념이 머릿속에서만 맴돌아 현실에 구현되지 못하기 쉽다. 또 머릿속의 상념으로 기력이 약해진다. 이 구절은 경전의 뜻을 잘 회통會通하여 현실에서 체달體達하도록 해야 함을 강조하고 있다. 교법은 일체의 상념想念으로부터 벗어나도록 하기 위한 문자언설인데, 도리어 그 문자언설로 인해 상념에 빠진다면 이는 실로 어리석은 일이다. 그러나 일단 그 문자언설의 교법을 배우지 않으면 바른 수행의 길을 얻을 수 없다. 교법의 뜻을 회통하였다면 그 문자언설에 매일 필요가 없다. 그런데 위와 같은 구절의 뜻을 곡해하여 처음부터 끝까지 문자언설의 교법 공부를 무시하고 수행해 나가는 것은 잘못이다.

※

卽事卽法者 深從汝種種運爲 跳踉顚蹶, 悉不出法界, 亦不入法界, 若以法界入法界 卽是癡人.

현실의 경계(事, 現象)에 처하여 항상 진리(一心眞如)와 합치하는 이는 (현실의 경계 그대로가 바로 진리의 세계임을 체달하는 이는) 이리저리 움직이고 뛰며 넘어지더라도 모두 다 법계를 벗어난 것이 아니요, 또한 법계에 들어오는 것도 아니나니, 만약 법계로서 법계에 들어온다고 생각하는 이가 있다면 이는 곧 어리석은 자이다.

【해설】 법계法界가 그대로 일심一心이기에 일심 밖에 따로 법계가 있는 것이 아니다(一心法界). 또한 경계 그대로가 일심이어서 따로 취하거나 얻을 바가 없다. 일심一心이란 능(能: 주관)과 소(所: 객관, 대상, 경계)를 떠난 것이기 때문이다. 즉 일심은 인식의 대상이 될 수 없다. 그래서 법계 또한 인식의 대상이 될 수 없는 것이다. 본래 대상이 아닌데 대상으로 보이는 것은 바로 꿈속의 일과 같다. 대상을 인식하는 자리(能)와 대상(對象: 所, 경계)이 따로 있는 것이 아님을 깨달아 항상 현실의 경계에서 일심진여一心眞如와 둘이 아닌 자가 곧 본문에서 말하는 '즉사즉법자卽事卽法者'이다. 무심하고 마음을 잊으니(忘心) 사事에 즉하게 되는 것이다. 또한 일심법계一心法界이니 이 법계 저 법계가 따로 있는 것이 아니며, 따라서 여기에서 저 법계로, 저 법계에서 이 법계로 들어가고 나가는 것이 아니다.

※

凡有所施爲 終不出法界心. 何以故, 心體是法界故."

무릇 어떤 일을 하더라도 결국 법계심法界心을 벗어나지 못한다. 왜냐하면 심체心體가 바로 법계法界이기 때문이다."

※

問, "世間人種種學問, 云何不得道."
答, "由見己故不得道. 己者我也. 至人逢苦不憂, 遇樂不喜, 由不見己故. 所以不知苦樂者, 由亡己故. 得至虛無, 己自尙亡, 更有何物而不亡也."

묻는다.
"세간인이 갖가지로 배우며 수행하고 있으나 왜 도를 이루지 못하는 것입니까?"
답한다.
"자기가 있다고 보기 때문에 도를 이루지 못한다. 자기란 아我이다. 지인至人은 고苦를 만나도 근심하지 않으며, 즐거움을 만나도 기뻐하지 않나니, 자기를 보지 않는 까닭이다. 고락苦樂을 모르는(떠난) 까닭은 자기가 없기 때문이다. 허무에 이르러 자신이 이미 없거늘 다시 어떤 것이 없어지지 아니하고 있겠는가."

※

問, "諸法旣空, 阿誰修道."
答, "有阿誰 須修道. 若無阿誰 卽不須修道. 阿誰者亦我也. 若無我者逢物不生是非. 是者我自是 而物非是也, 非者我自非 而物非非也."

묻는다.

"제법諸法이 이미 공空하다면, 어느 누가 있어 도를 닦겠습니까?"

답한다.

"어느 누구든 있으면 반드시 도를 닦아야 한다. 만약 아무도 없다면 도를 닦는 것도 없을 것이다. 그 누구란 또한 나(我)이다. 만약 내가 없다면 사물을 접해서도 시비是非가 생기지 않을 것이다. 옳다(是)고 하는 것은 내가 스스로 옳다고 하는 것이지 사물이 옳은 것이 아니다. 그르다(非)고 하는 것은 내가 스스로 그르다고 하는 것이지 사물이 그른 것이 아니다."

※

卽心無心, 是爲通達佛道. 卽物不起見, 名爲達道. 逢物直達 知其本源, 此人慧源開.

현재 바로 그 마음에서 무심無心하다면 이는 불도佛道를 통달體達한 것이 된다. 사물에 대하여 견을 일으키지 않음을 달도(達道: 道를 體達함)라고 한다. 사물에 접한 그대로에서 곧바로 달도達道하여 그 본원本源을 깨닫나니, 이러한 사람은 혜慧의 본원이 열린 것이다.

※

智者任物不任己 卽無取捨違順. 愚者任己不任物 卽有取捨違順.

지혜로운 이는 사물에 맡기어 흘러가고(任運) 자기에게 맡기지 않기에,

곧 취하고 버림과 거역하고(違) 따라감(順)이 없다. 어리석은 이는 자기에게 맡기고 사물에 맡기지 않기에 곧 취하고 버림과 거역하고 따라감이 있다.

【해설】 경계境界에 대해 취하고 버리는 마음, 거역하거나 따르는 마음이 생기는 것은 모두 아我가 있다는 생각이 있기 때문이다. 아상我相을 벗어버린 지혜로운 이는 그래서 이리저리 걸림이 없다. 아상이 있는 어리석은 이는 사물에 대해 나의 관점에서 이리저리 분별 취사하고 거역하거나 좋아하거나 한다. 그래서 항상 경계에 부딪힐 때마다 걸린다. 지혜로운 이가 사물에 맡겨 흘러감은 곧 무애행(無碍行: 걸림 없는 행)이며, 자유자재함이다. 그리고 이미 아상我相이 없으니 그 사물은 대상으로서의 사물이 아니다. 그대로 일심법계一心法界일 뿐이다.

❊

卽一切處 無處, 卽作處無作法, 卽是見佛. 若見相時, 卽一切處見鬼.

어느 곳에 처해서나 거기에서 거리끼는(마음 두는) 바 없고, 어떤 일을 하더라도 무엇에 맞추어 한다는 의식이 없이 한다면 이는 바로 부처님을 본 것이다. 만약 상相을 본다면 이는 곧 어느 곳에서나 귀신을 보는 것이다.

❊

取相故墮地獄, 觀法故得解脫. 若見憶想分別, 卽受鑊湯爐炭等事,現見生死相. 若見法界性, 卽涅槃性. 無憶想分別, 卽是法界性.

상相을 취하는 까닭에 지옥에 떨어지고, 일심진여一心眞如의 법을 보는 까닭에 해탈한다. 만약에 이리저리 생각을 굴리고 분별한다면 곧 끓는 가마솥과 이글거리는 화로의 탄 더미에 들어가 고통 받는 지옥의 고통 등과 같은 일을 받게 되며, 현생에서는 생사生死의 상相을 보게 된다. 어디에서나 법계성法界性을 본다면 곧 열반성涅槃性을 보는 것이다. 이리저리 생각을 굴리고 분별함이 없으면 곧 그대로가 법계성이다.

⁂

心是非色故非有, 用而不廢故非無, 用而常空故非有, 空而常用故非無.

심心은 색(色: 물질)이 아닌 까닭에 있는 것이 아니고, 항상 작용하되 그침이 없는 까닭에 없는 것도 아니며, 작용하되 항상 공空인 까닭에 있는 것이 아니고, 공空하되 항상 작용하는 까닭에 없는 것이 아니다.

⁂

卽說頌曰
心心心 難可尋!
寬時遍法界 窄也不容針.
亦不覩惡而生嫌 亦不觀善而動措.
亦不捨智而近愚 亦不抱迷而就悟.

達大道兮過量 通佛心兮出度.

不與凡聖同躔 超然名之曰祖.

바로 게송을 설한다.

마음이여! 마음이여! 참으로 무엇인지 알기 어렵도다!
넓은 때는 법계에 두루하고, 좁을 때는 바늘 들어갈 틈도 없구나.
또한 나쁜 것을 보지도 아니하고 꺼리는 생각을 내며,
또한 좋은 것을 보지도 아니하고 하고자 하네.
또한 지혜를 버리지 아니한 채로 바보인 듯하고,
또한 미혹을 끌어안지 않은 채로 깨달음으로 나아가네.
대도大道를 통달하니 사량思量을 뛰어넘고(不可思議),
불심佛心에 통하니 해탈이라,
범부凡夫·성인聖人과 동궤同軌가 아니고,
양자兩者에 초연超然함을 이름하여 조사祖師라 하네.

【해설】 본문의 '근우近愚'는 앞에 소개한 『심명』의 '덕성여우德性如愚'에서의 '여우如愚'와 같은 말이다.

『이입사행론二入四行論』

보리달마菩提達摩 著

●해제

『이입사행론』은 달마대사의 법문으로 전해지는 것 가운데 예부터 가장 친전親傳의 신뢰성이 입증된 법문이다. 여러 곳에 수록되어 전하는데 본서에서는 『대정장』 권48 『소실육문』에 수록된 본을 저본으로 한다.

여기서 설하는 이입理入과 행입行入의 이입二入 법문은 『금강삼매경』에서도 자세히 설해지고 있거니와, 대승 선법禪法의 바탕이고 아뇩다라삼막삼보리(無上正等覺, 妙覺)에 이르는 정로正路이며, 모든 부처님의 공통의 길이다.

●본문 및 해설

夫入道多途, 要而言之, 不出二種. 一是理入, 二是行入.

무릇 도道에 들어가는 데는 많은 길이 있으나, 요약하여 말한다면 두 가지를 벗어나지 않나니, 첫째는 이입(理入: 이치로 들어감)이요, 둘째는 행입(行入: 行으로 들어감)이다.

※

理入者, 謂藉教悟宗, 深信含生同一眞性. 但爲客塵妄想所覆, 不能顯了. 若也捨妄歸眞, 凝住壁觀, 無自無他, 凡聖等一, 堅住不移, 更不隨於文教. 此卽與理冥符, 無有分別, 寂然無爲, 名之理入.

이입理入이란, 가르침에 의지하여 종(宗: 근본, 진리)을 깨달아 들어가는 것이니, 모든 중생이 동일한 진성眞性이나 객진(客塵: 마음의 대상, 境界) 망상으로 덮여 드러나지 못하고 있을 뿐임을 깊이 믿는 것이다. 망상을 버리고 진성에 돌아가고자 하건대, 응념凝念과 부동不動의 벽관壁觀을 행하여 자타自他가 각기 어디에 따로 있는 것이 아니며, 범부와 성인이 평등하여 둘이 아님에 굳건히 안주하여 흔들리지 아니하고, 여기에서 다시 문자를 좇지 아니할지니, 이러하면 진리와 더불어

합치하게 되어 분별함이 없게 되고 적연(寂然: 고요함) 무위無爲하게 된다. 이를 이름하여 이입理入이라 한다.

【해설】 벽관壁觀이란 모습의 면으로는 보통 달마대사의 면벽좌선, 즉 벽을 대하고 좌선함을 말하기도 하나, 실제 마음 수행상의 면으로는 망상이 본래 무생無生이며, 일체법一切法이 얻을 바 없는 것임을 알아 일체의 분별상을 여의고, 무상無相·무념무상無念無想·무심無心·무수지수無修之修에 안주함을 말한다. 또는 직심直心이라고도 한다. 이에 대해 마음이 경계에 따라 이리저리 흔들리는 것을 곡심曲心이라 한다. 직심이면서 응념凝念인 행을 통해 흔들림 없고 염착染着됨이 없음이 그 행상行相이다.

⁂

行入者, 謂四行. 其餘諸行悉入此中. 何等四耶. 一報寃行, 二隨緣行, 三無所求行, 四稱法行.

행입行入이란, 네 가지 행行을 말한다. 그 나머지의 모든 행은 모두 이 가운데 들어간다. 네 가지 행이란 어떠한 것인가. 첫째는 보원행報寃行이고, 둘째는 수연행(隨緣行: 인연 따라 任運하는 행), 셋째는 무소구행(無所求行: 따로 구하는 바 없는 행), 넷째는 칭법행(稱法行: 法義에 맞게 따라 행함)이다.

⁂

云何報寃行. 謂修道行人, 若受苦時, 當自念言, 我從往昔無數劫中棄本從末, 流浪諸有, 多起寃憎, 違害無限. 今雖無犯, 是我宿殃, 惡業果熟, 非天非人所能見與, 甘心忍受, 都無寃訴. 經云, 「逢苦不憂.」何以故, 識達(本)[1]故. 此心生時 與理相應 體寃進道故, 設言報寃行.

무엇을 보원행報寃行이라 하는가. 수행인이 고통을 받고 있을 때 마땅히 스스로 염念하길, 내가 과거 이래 무수한 겁 동안에 근본(本性, 眞性, 법성, 불성, 진아, 眞如)을 버리고 말(末: 대상, 假我, 망념)을 좇아 제유(諸有: 모든 중생 生類)에 유랑(流浪: 윤회)하며 수많은 원망과 증오를 일으키고 남을 거슬려 해를 끼침이 한없이 많았다고 하는 것을 말한다. 금생에서는 비록 죄업을 짓지 아니하고 있으나, 이렇게 고통을 받고 있는 것은 내가 숙세宿世로부터 지은 악업의 과보가 지금에 이르러 익어 드러나게 된 것이라 천天이 내린 것도 아니고, 다른 사람이 가加한 것도 아닌 것이므로, 감심甘心으로 인내하며 받아들여 조금도 억울하다고 호소하거나 원망하지 않는 것이다. 경에서 말씀하시길, "고난을 만나게 되더라도 근심하지 않는다"고[2] 하였다. 왜 그러한가. 본원의 도리를 완전히 체달體達하였기 때문이며, 이렇게 체달한 마음이 생겼을 때에 진리에 상응하게 되어 원망함과 증오함의 체성體性을 깨달아 도道에 나아가게 되기 때문에 보원행이라고 한다.

---

1 『능가사자기』본에는 '本'이 있다.

2 『불설장아함경』 권1에 "沙門者, 捨離恩愛, 出家修道, 攝御諸根, …… 逢苦不戚, 遇樂不欣, 能忍如地, 故號沙門"이라 나온다.

※

二隨緣行者, 衆生無我, 並緣業所轉, 苦樂齊受, 皆從緣生. 若得勝報榮譽等事, 是我過去宿因所感. 今方得之, 緣盡還無, 何喜之有. 得失從緣, 心無增減, 喜風不動, 冥順於道. 是故說言隨緣行.

둘째 수연행(隨緣行: 인연 따라 任運하는 행)이란 (무엇인가). 중생은 무아無我이기에 단지 모두 업의 인연으로 전전하게 되는 것이며, 고락을 함께 받는 것도 모두 인연에 의한 것이다. 뛰어난 과보와 영예 등의 일을 얻게 된다면 이는 나의 과거 숙세宿世의 인연으로 감득하게 된 것이다. 지금 이렇게 좋은 과보를 얻었으나 그 연緣이 다하면 다시 없게 될 것인데 어찌 이를 두고 즐거워할 것인가. 얻고 잃음이 인연으로 말미암아 오는 것이라 본 마음에는 본래 더해지거나 감해짐이 없는 것이니, 즐거운 마음에도 흔들림 없어야 도道에 그윽이 따르게(일치하게) 되는 것이다. 이러한 까닭에 수연행이라 한다.

※

三無所求行者. 世人長迷, 處處貪著, 名之爲求. 智者悟眞, 理將俗反安心無爲, 形隨運轉. 萬有斯空, 無所願樂. 功德黑暗, 常相隨逐. 三界久居, 猶如火宅. 有身皆苦, 誰得而安. 了達此處, 故捨諸有, 息想無求. 經云,「有求皆苦. 無求乃樂.」判知無求, 眞爲道行. 故名無所求行.

셋째 무소구행(無所求行: 무엇을 구하는 바가 없는 행)이란 (무엇인가).

세인世人이 길고 긴 세월동안 미혹하여 곳곳에서 탐착함을 '구함(求)'라고 한다. 지혜로운 이는 진리(眞理: 眞性)를 깨달아 그 진리의 힘으로 (진리를 지니고) 세속에 돌아와[3] 안심安心 무위無爲하며, 현실 따라 (다른 것을 구함 없이) 임운任運하여 간다. 만유萬有가 모두 공空이라 낙樂을 원할 바도 없는 것이다. 공덕천功德天과 흑암천黑暗天은 형체와 그림자와 같이 항상 서로 맞물려 따르게 되는 것이다. 삼게(三界: 欲界·色界·無色界)에 오래도록 머무는 것은 불난 집에 머물러 있는 것과 같다. 몸이 있게 되면 모두 고苦를 받게 되는 것인데 누가 안심安心을 얻을 수 있을 것인가. 이러한 사실을 요달了達한 까닭에 제유諸有의 몸 받길 버리고, 모든 분별망상 쉬어서 무엇을 구하는 마음이 없게 된다. 경에서 말씀하시길, "무엇을 구하는 마음이 있으면 모두 고苦다. 구하는 마음이 없어야 낙樂이 된다" 하였으니, 구함 없어야 한다는 뜻을 잘 알아 행함이 참다운 도행道行이 되는 것이다. 까닭에 무소구행이라고 한다.

⁂

四稱法行者. 性淨之理, 目之爲法. 信解此理 衆相斯空, 無染無著無此無彼. 經云,「法無衆生, 離衆生垢故. 法無有我, 離我垢故.」. 智者若能信解此理, 應當稱法而行.

---

3 본문은 '反'이나 S2054本(『敦煌禪宗文獻集成』 卷上, 30쪽)과 P3436本(同書, 50쪽)은 모두 '及'이다. 前後의 文義로 보아 진리를 깨닫고 세속으로 돌아온다는 뜻이니 '反'은 '返'의 誤字일 것이고, '及'은 (세속에) '이른다(至)'는 뜻이 되어 상통한다.

넷째, 칭법행(稱法行: 法에 따라 행함)이란 (무엇인가). 성품이 청정한 리理를 가리켜 법法이라 한다. 일체의 상相이 모두 공空하다는 이 이치를 신해信解하여, 물들지도 아니하고 집착하지도 아니하며, 이것이다 저것이다 하는 분별도 떠나는 것이다. 경에서 말씀하시길, "법(法: 모든 존재)에는 중생(상)이 따로 없나니, 중생의 허물(咎: 衆生相)을 떠난 까닭이다. 법에는 아(我: 相)가 따로 없나니, 나라는 허물(咎: 我相)을 떠난 까닭이다"고 하였다. 지자智者로서 이러한 이치를 능히 신해信解할 수 있다면 응당 이 법에 따라 행해야 할 것이니라.

※

法體無慳, 於身命財行檀施捨 心無慳惜, 達解三空 不倚不著. 但爲去咎 淨化衆生 而不取相, 此爲自行, 復能利他, 亦莊嚴菩提之道, 檀施旣爾 餘五亦然. 爲除妄想 修行六度, 而無所行, 是爲稱法行.

법의 체體에는 인색함이 없나니, 신명身命과 재물을 보시하는 데 마음에 인색하거나 아까워하지 아니하며, 삼공(三空, 三解脫: 空·無相·無願〔無作〕)의 뜻을 통달하여 무엇에 의지하거나 집착하지 않는다. 단지 허물(咎: 相)을 벗어버리고 중생을 정화하되 상相을 취하지 않나니, 이것이 자리행自利行이며, 또한 능히 이타행利他行이 되는 것이고, 또한 보리菩提의 도道를 장엄하나니, 보시가 바로 그러한 행이며 나머지 다섯 가지 행(육바라밀 가운데 지계·인욕·정진·선정·지혜)도 또한 그러하다. 망상을 제거하고 육바라밀을 행하되 행하는 바가 없이 행함이 바로 칭법행이다.

찾아보기

● 元照 박건주

전남 목포 출생. 전남대 사학과, 동 대학원 석사. 성균관대 대학원 사학과 문학박사(동양사). 성균관대, 순천대, 목포대, 조선대에 출강하였고, 현재는 전남대 강사, 동국대 동국역경원 역경위원, 전남대 종교문화연구소와 호남불교문화연구소 연구이사.

저서에 『중국 초기선종 능가선법 연구』, 『달마선』, 『중국고대사회의 법률』, 『초기선종 동산법문과 염불선』 등이,

역서에 『능가경 역주』, 『능가사자기』, 『아시아의 역사와 문화 I : 중국고대사』, 『集古今佛道論衡』, 『풍토와 인간』, 『티베트밀교무상심요법문』, 『위없는 깨달음의 길, 금강경』, 『하택신회선사 어록: 돈황문헌 역주 1』, 『북종선법문: 돈황문헌 역주 2』 등이,

그밖에 중국고대사와 중국불교사에 대한 여러 전공논문이 있다.

禪典叢書❸ 절관론 역주

초판 1쇄 인쇄 2012년 9월 12일 | 초판 1쇄 발행 2012년 9월 20일

역주 박건주 | 펴낸이 김시열

펴낸곳 도서출판 운주사

(136-034) 서울 성북구 동소문동 4가 270번지 성심빌딩 3층

전화 (02) 926-8361 | 팩스 0505-115-8361

ISBN 978-89-5746-321-5 93220 값 15,000원

ISBN 978-89-5746-293-5 (총서)

http://cafe.daum.net/unjubooks 〈다음카페: 도서출판 운주사〉